Rolf Friedrich Schuett

Abgrundsätze der Narrenphilosophie

Hochbetagte müssen nicht umnachtet sein

FSC
www.fsc.org
MIX
Papier aus ver-
antwortungsvollen
Quellen
Paper from
responsible sources
FSC® C105338

Rolf Friedrich Schuett

Abgrundsätze der Narrenphilosophie

Hochbetagte müssen nicht umnachtet sein

Bibliographische Information Der Deutschen Bibliothek:
Die Deutsche Bibliothek verzeichnet diese Publikation
in der Deutschen Nationalbibliographie; detaillierte
bibliographische Daten sind im Internet abrufbar über
http:// dnb.ddb.de

Herstellung und Verlag :
BoD – Books on Demand, Norderstedt

Printed in Germany

ISBN 978-3-7562-1045-9

INHALT

**In memoriam
Erasmus von Rotterdam : „Lob der Torheit"
(„*Moriae encomium*", „*Laus stultitiae*", 1509)**

Für Elke
in Liebe und Dankbarkeit

Denken, vergoldet, versilbert oder nur Blech?

Wem würde man wohl Gold, Silber und Bronze geben wollen, wenn die (eurozentrierte) Philosophiegeschichte so etwas wie eine begriffsanalytische Geistesolympiade wäre, von Heraklit bis Heidegger etwa? Wer dürfte sich überhaupt als Schiedsrichter in den Ausscheidungskämpfen der Stichwahl aufspielen, ohne nur seinen unmaßgeblichen Privatgeschmack ins edle (oder ekle) Spiel zu bringen? Wer könnte auch nur genug Kompetenz mitbringen, um kompetente Leute vorzuschlagen, die der Jury angehören sollten? Müsste man „bedeutende" Philosophen fragen, wem sie selber die Siegespalme geben würden? Keine besonders gute Idee, denn ein *Aristoteles* würde seinem Lehrer *Platon* den silbernen Orden verleihen. Der Rationalist *Leibniz* würde wahrscheinlich seinem Konkurrenten *Descartes* nur die Silbermedaille und *Spinoza* die Bronzemedaille gönnen, der Staatsphilosoph *Hegel* hingegen dürfte nur *Platon* und *Kant* direkt unter sich auf dem Siegertreppchen wissen wollen. Individualphilosoph *Adorno* schließlich, es lebe der kleine Unterschied, könnte Gold-Hegel vor Silber-Marx und Freud-

Bronze stellen – und sich selbst eine alleskrönende Diamantnadel verehren?

Jeder graduierte und emeritierte Universitätsphilosophieprofessor würde vermutlich je nach seiner zufälligen Schulrichtung gewichten.

Aber wie wäre es mit einer Jury ganz aus interessierten Laien und Liebhabern (Amateuren) der Philosophie, wie wäre es da z. B. mit dir oder mir? Niemand hindert uns, uns zu blamieren, doch sind wir bloßen Leser und Nachdenker der Vordenker kompetent genug oder zu dummdreist borniert? Und wie lassen Philosophen sich nach Gewichtigkeit abwiegen, auf existenzieller, intellektueller oder wenigstens humanistischer Waagschale? Oder neigt unsereins zu sehr zu Favoriten, die unsere gefälligen Lieblingsvorstellungen nur bestätigen? Dann hätten wir „im Grunde" die Denker nur dazu missbraucht, uns selber auszuzeichnen.

Ein notorischer Pessimist würde ja im Geisteswimbledon vielleicht den Misanthropen *Schopenhauer* vorziehen, ein verhinderter Machtmensch eher *Nietzsche*, ein *idealistischer* Schwärmer möglicherweise den Aristokraten *Platon*, ein nüchterner Realist den ordentlichen Bürger *Aristoteles*, ein strenger Logiker den letzten Polyhistor *Leibniz*, ein skeptischer Rechner seinen *Descartes*. Ein Naturvergötterer fände in *Spinoza* seinen Goldjungen, ein Berufsoptimist würde sich den preußischen Dialektiker *Hegel* vergolden, ein Sprachverbuhlter vorzugsweise den positivistischen Analytiker *Wittgenstein*. Ein Materialist verteilte Gold und Silber an *Marx* und *Bloch*, ein Nationalist erköre sich *Heidegger gegen Husserl*, eine „nackte Existenz" den positiveren *Jaspers* oder negativeren *Sartre* etc.

Meine Longlist würde etwa zwanzig Berühmtheiten aufführen, die großen Namen, meine Shortlist der engeren Wahl vielleicht nur noch *Aristoteles, Kant, Hegel, Schopenhauer, Heidegger* und *Adorno* – immer noch doppelt zu viel fürs Dreiertreppchen einer universellen statt nur universitären Grübel-Olympiade. – Und warum keine Philosophinnen?

Also Augen zu und beherzt ins kalte Wasser gesprungen : **Aristoteles, Kant** und **Hegel** als die drei (gendermännlichen) Großathleten des Denksports. Verrät diese Auswahl mehr über mich Dilettanten als über meine drei Geistesriesen? Weshalb gerade diese ungleichen Drei, die einander schwerlich die Goldmedaille verliehen hätten. Immerhin zählten sie unbestritten zu den schulbildend Folgereichsten und

Wirkmächtigsten ihres Fachs und ihrer Disziplinen im Abendland, das von Athen seinen Ausgang nahm, um in Berlin um 1800 seinen weltmeisterlichen Höhepunkt zu erreichen, der seither schwerlich wieder erreicht wurde. Nur ein einziger altgriechischer und gleich zwei deutsche Denker? Andere fallen dagegen auffallend ab – auch ohne nationalistische Vorurteile der Juroren. Warum also nicht der große Engländer *Hume,* der große Franzose *Bergson* oder der große Amerikaner *Peirce*?

Auffallend ist, dass diese glorreichen Drei ausnahmslos keine A(nti)theisten waren, so wenig wie die meisten größeren Chefdenker der Geschichte. ***Aristoteles*** postulierte einen „unbewegten Beweger", einen Théos theoretikós als Ideal des kontemplativen Lebens, ***Kant*** die „regulative Gottesidee der transzendentalen Dialektik" als Aufhänger aller Wissenschaften der reinen wie der praktischen Vernunft, und ***Hegel*** war ein guter schwäbischer Protestant, nach dem die Philosophie des „absoluten Geistes" den Gebildeten haargenau dasselbe in Begriffen sage, was die (vornehmlich christliche) Religion dem gemeinen Volk in bloßen Bildern sage.

Wie verteile ich nun Gold, Silber und Bronze aus welchen guten Gründen auf meine erwartungsfrohen Kandidaten?

Ist der Subjektivist Kant über den welthaltigsten Realisten Aristoteles hinausgekommen oder hinter ihn nur zurückgefallen?

Ist der "objektive Idealist" Hegel über den transzendentalen Subjektivisten Kant je hinausgelangt oder auf den naturrealistischen Aristoteles zurückgegangen, um ihn in Fichtes „Ichheit" aufzulösen?

Oder hatte das aristotelische Weltgebäude ausreichend Platz für beide, den objektiven Idealisten und das zweifelhafte Subjekt – wie etwa beim mittelalterlichen Aristoteliker Thomas von Aquin?

Ist es eine salomonische Entscheidung, keinem Philosophen das Gold zuzuerkennen und es dem Helden einer unbekannten Zukunft vorzubehalten? Auch den hervorragendsten Denkern fehlt etwas, und erst, wer ihre Grenzen sieht, hat sie verstanden. Dem antiken Alexander-Lehrer mangelte die transzendentale Perspektive, der Subjektivität Kants aber dieser objektivierende Schritt zur Religion und dem systematischen Panlogisten Hegel sowohl der Fort-Schritt zum materiellen Fundament wie zur individuellen Imaginationsfreiheit seines ironi(sti)schen Erzfeindes Friedrich Schlegel. Die Frühromantiker

störten ständig Hegels "Sabbathruhe des Geistes".
"Was wirklich ist, das ist auch vernünftig", aber
nicht alles, was so existiere, sei auch schon wirklich,
dekretierte Hegel listig, um die Zensur seiner Zeit zu
täuschen. Diese "faule Existenz" wurde nicht nur in
Novalis, Marx, Kierkegaard und Adorno fleißig.

Aber der Goldphilosoph wäre auch keine bloße
systematische, also epigonal synkretistische Synthese aller denkbaren oder bisherigen Perspektiven.

(Ein Wort noch zum materiellen Geistesfunda-
ment, das beim antisemitischen Juden Marx sozialis-
tisch verunglückte und bereits in der verachteten
Religion seiner Väter angemessener bedacht war.
Die Thora enthält eine politische Ökonomie, die
rationaler ist als die marxistische später : Mindestens einmal pro Generation, im vorgeschriebenen
"Erlassjahr", sollten Herr und Knecht, Grundherr
und Landarbeiter, Produktionsmittelbesitzer und
proletarischer Arbeitssklave, einfach ihre Rollen
tauschen, um soziale Gerechtigkeit zu erreichen,
also alle "Jubeljahre" die Schuldsklaverei beenden.
Grundlage ist das Diktum des Weltschöpfers selbst:
"Mein ist das Land, und ihr seid nur Gäste / Pächter
darin." Das aber ist schon *Proudhon* : "Eigentum
ist Diebstahl", Diebstahl des Reichen nicht nur am
Armen, sondern vor allem an Gott selbst, dem ein-

zigen Besitzer der Erde. Eine ebenso einfache wie geniale Wirtschaftstheorie, die trotz aller Prophetenklagen sehr selten realisiert wurde, aber weiterlebte in der christlichen Armentheologie Jesu, der schon in seiner Antrittsrede das "Erlassjahr" ausrief und von den Reichen liquidiert wurde, als er sie aus dem Reich Gottes kurzerhand hinauswarf.)

Man sieht, dass die Philosophie doch wesentlich atheistisch ist, auch wenn ihre universalistischen Hypothesen die Erinnerung an Heiliges wachhalten, um nicht in Methodentechnik und Kulturindustrie abzugleiten. Die "soziale Frage" ist das Fundament jeder Kultur und lässt sich atheistisch nicht beantworten : Keine Religion ohne Revolution und keine Sozialrevolution ohne Religion! Solange Kunst, Philosophie und Religion nicht wieder vereint sind, kann die Goldmedaille in der universellen Reflexionswissenschaft der Philosophie gar nicht guten Gewissens verliehen werden. Silber aber würde ich einem Hegel geben, der Kants wie Platons Ideen dialektisch versteht, das Individuum niemals der Allgemeinheit opfert und das biblische "Freijahr" ernst nähme. Der Metaphysiker Aristoteles aber erhält Bronze, weil der eiserne Dritte im Bunde auch gleichsam die hegelianische Synthese realistisch vorwegnahm, ohne nur *ein* zweifelhaftes Subjekt oder Objekt zu opfern ...

Du blöder Affe du!

"Du Schwein(ehund), du alte Sau, du Schlange, du Esel, du Kamel, du Rindviech, du dumme Kuh, du Schafskopp!"

Menschen werden oft nach gewissen Tieren benannt, die als besonders schlecht oder dumm gelten.

Viele Menschen würden so einiges darum geben, die Welt und sich selbst einmal mit den Augen eines Affen, eines Hundes oder einer Stubenfliege sehen zu dürfen.

Im Folgenden wollen wir das Tier allgemein untersuchen und dann jenes Tier, aus dem sich der Mensch angeblich entwickelt hat, will man heutigen Forschern mehr glauben als ihrem Schöpfer höchstselbst.

Gewerkschaft? Arbeitstierschutzverein.

Inzwischen essen wir Tiere schon,
um sie töten zu können.

Der Mensch hat weniger Instinkt
als das Tier Intelligenz.

Einst wird der Mensch abstammen
vom Arbeitstier und Stimmvieh.

Reiche sind Raubtiere, Arme nur Mundraubtiere.

„Der Mensch ist ein gesellschaftliches Wesen",
sagen die Herdentiere.

Der Mensch ist eher ein gehetztes Faultier
als ein gefangener Tiger.

Kein Tier sammelt im Winter Eis und Schnee
für seinen Sommerschlaf.

Kein Herdentier mischt sich
in seine eigenen Angelegenheiten.

Wo Gott Mensch wurde, muss dieser kein Tier
oder zu Stein werden.

Das Tier, zu dem der Mensch sich machen kann,
ist ein anderes als das von Gott erschaffene.

Wer gut sein will, will zu Gott,
und wem gut sein soll, zum Tier.

Selbstbeherrschung ist die einzige
gesetzlich erlaubte Tierquälerei.

Mein Tierleben. Ein Fuchs, der sich in eine Gans
verliebt, ist ein Esel, und ein kleiner Fisch, der
nur Angelhakenwürmer frisst, ein Riesenkamel.

Schützt Herdentiere vor Individualität!

Der Mensch unterscheidet sich von Tieren durch
Verfehlungen wie Befehle und von Robotern durch
nie fehlende Fehler.

Kommt der Tierschutz ohne Pflanzenversuche aus
und der Götterschutz ohne Menschenversuche?

Schütts Tierleben. Eine Ameise mit Bienenfleiß
hat eine Meise.

Flora und Fauna. Wenn wir nicht nur vege-tieren,
sind wir die besten Bestien.

Weiter als die hohen Tiere steigen,
kann keiner mehr sinken.

Tierschützer sind selten pflanzenlieb,
Pflanzenschützer selten tierlieb
und beide oft nicht sehr menschenfreundlich.

Produktionsbetriebe : Massenarbeitstierhaltung.

Wird die Technik besser, haben wir böswilligen Tiere
bessere Mittel, bösartig zu sein.

Die geheimsten Wappentiere
sind Angsthase und Ameise, Esel und Eule.

Herdentiere sind für Natur, Individuen für Kultur.

Tierschutz : Ungequälte Tiere schmecken besser.

Das Tier fällt auf die Füße wie ein Stein,
die Pflanze steht aufrecht wie ein Mensch.

Tiere wählen gegen Zoologen oft Pseudonyme.

Wir sind neugieriger auf Tiere unter uns
als auf Genies über uns.

Ein Mensch verlässt den Schoß seiner Mutter,
bevor er als fertiges Tier geboren würde, und
sollte den Schoß der Gesellschaft verlassen, bevor
er ein fertiges Arbeitstier (Lastesel, Zustimmvieh)
geworden ist.

Die unverwechselbare Individualität der Tiere
füreinander ist nicht weiter ausgeprägt als die
solidarische Gleichheit der Menschen.

Das ganze Tier in dir haben sie vernichtet, dafür
aber einen halben Übermenschen aus dir gezogen.

Würde der Mensch ein Tier, wäre es ein Untier
oder Schoßtier.

Manche Tierarten pflanzen sich in Unfreiheit
nicht fort. Von ihnen stammt der moderne
Mensch nicht ab.

Nur Gewohnheitstiere schaffen Ungewöhnliches
und extraordinäre Leute Ordnung.

Das Schoß- und Haustier wird uns schon lebens-
notwendiger als lebensgefährliches Schlachtvieh.

Animal rationale : schlauer Fuchs, aufgeklärter
Lastesel, durchtriebene Triebe, animalische
Wurzeln oder rationalisierte Tierhaltung?

Zoologie berührt die Tiere so wenig
wie der Aphorismus seine Leser.

Einst gaben sich menschliche Raubtiere
gern als harmlose Haustiere. Heute fühlen sich
menschliche Schoßtiere geschmeichelt,
nennt man sie geheime Raubtiere.

Arbeitstiere sind die zahmsten Haustiere
der Menschenzüchter.

Der Mensch bedroht viel größere Tiere
und wird von viel kleineren bedroht.

Der Mensch ist das „vernunftbegabte Tier", heißt es,
aber ist die Vernunft auch menschenbegabt?

Befreit das hohe Tier aus seinem goldenen Käfig!

Die Natur erfand allerlei Getier,
der Mensch das Gewehr.

Gäbe es keine Tiere mehr,
wäre die Welt bestialischer.

Menschenaffe oder Affenmensch?

Der Mensch stammt vom Affen ab, doch es heißt
auch: „Du sollst Vater und Mutter verlassen."

Wenn der Mensch wirklich vom Affen
abstammte, hätte er es weitergebracht
als nur bis zum Arbeitstier.

Die Abstammung von Adam und Eva
schützt vor keiner Aff-inität zu den Affen.

Die Vererbungslehre vererbt sich nicht,
die Abstammungslehre stammt weder von
Darwin noch vom Affen ab, und nur
die Evolutionstheorie entwickelt sich weiter.

„Alle Menschen sind gleich" weit
von Affen entfernt.

Christentum heißt nicht,
dass Gott Menschenaffe wurde.

Die meisten Menschen sind eher beeindruckt
von ihrer Ähnlichkeit mit den Menschenaffen.
Außer jenen Menschen, die besser als die Affen
schreiben, malen oder komponieren können.

Der Mensch macht sich zum Affen, um zu
beweisen, dass er nicht von ihm abstammt.

Der Zeitgenosse nach Darwin stammt ab
vom Gott der Affen.

Sprache : Der Mensch ist ein Maulheld,
der vom Maulaffen abstammt.

Zu wissen, was uns mit Tieren verbindet,
verbindet uns nicht mit ihnen. Vom Affen
unterscheidet den Menschen das Wissen,
wie wenig er sich unterscheidet.

Extended mind. Affen können zeigen
und schreien, arbeiten und kommunizieren,
Menschen könnten lesen und schreiben,
musizieren und malen.

Nur ein Mensch kann Affe, Schwein, Esel,
Wolf und Schaf werden.

Dass Gott von den Menschen abstammt,
stammt von Darwinisten ab, doch dass
der Mensch von Gottvater abstammt,
stammt nicht von Affen.

Können denn Menschen, die Schweine sind,
auch vom Affen abstammen und Menschen,
die Esel sind, von Kamelen?

Menschenaffen könnten sich höherent-
wickeln, wenn sie sich mit Menschen paarten.
Dazu zeigen eher Menschen Neigung.

Wer Affen als Versuchskaninchen nimmt,
nimmt auch Hasen für Igel, Schafe für Wölfe.

Niemanden stört es, vom Affen abzustammen,
die Sonne zu umkreisen, von Märkten, Genen,
Trieben getrieben zu sein, aber ein armer
begnadeter Erbsünder will keiner mehr sein.

Der Aufgeklärte gibt seinem Schöpfer
die Peitsche und seinem Affen Zucker.

Du stammst davon ab, dass der Affe
von dir abstammt und du nicht von dir selber.

Ein Gorilla ohne Instinkt ist kein Mensch
mit Ideen, und ein Mensch mit Unterleib
kein Affe mit Überzeugungen.

Früher war man stolz darauf, von einem Gott
abzustammen. Den Schöpfer hat man durch
einen Affen ersetzt und schämt sich nicht,
darauf immer noch stolz zu sein.

Nie sind zwei Menschen so verschieden
wie Affe und Mensch, nie sind sie so gleich
wie Affe und Affe.

Vielleicht sind einige von uns tatsächlich von
Affen geschaffen, aber inzwischen abgenabelt
und pubertieren gegen die Ureltern, indem sie
Überaffen in die Welt setzen.

Friede und Gerechtigkeit in der Welt gäb es nur
zwischen Hochtechnologie-Affen ohne Kultur.

Der Mensch, der Weg vom Affen zur Maschine.

Wer uns mit Darwin für Ex-Affen hält,
hält es für leichter, ein glückliches Tier
als ein geglückter Mensch zu sein.

Die Kultur erhebt Affen zu Übermenschen,
die Wissenschaft auch Unmenschen zu Affen.

Der Affe in mir kränkt keine Vernunft,
sondern schmeichelt der Vitalität.

Und wie kann noch Affe sein,
wer über ihn spricht?

Stammst du von Gott oder von Affen ab? Dem
gesunden Menschenverstand liegt die Wahrheit
auch hier in der vergoldeten Mitte.

Was man mit dem Affen gern teilt,
will man dem Neger noch voraushaben.

Wie können schlechte Menschen
von guten Affen abstammen?

Liebe d(ein)en Affen wie dich selbst!

Wir haben den Affen nicht mal mehr Begriffs-
stutzigkeit, Halbbildung und Amusie voraus.

Als der Affe Mensch geworden war,
ward der Mensch zum Untier.

Der Mensch stammt ab vom Affen, der Un-
mensch vom Schweinehund und der Mitmensch
vom Goldhamster, Reißwolf oder Packesel.

Jedermann tut seit Darwin alles Affenmögliche,
um ein Mensch zu sein, der sich nicht zum
Affen macht.

Urbilder von *Platons* Philosophenkönigen:
Menschenaffen.

Wie kann ich vom Affen abstammen
und einem Esel oder Schaf ähnlicher sehen?

Gott schuf Darwin und die Affen,
Darwin machte sich zum Affen.

„Lieber ein unzufriedener Sokrates
als ein glückliches Schwein." *(John St. Mill)*

Narrenphilosophie : Sprichwort von morgen?

Während des Essens scheißt man nicht auf Gastgeber

Aphorismen sind weniger wichtig für Leibeswohl
und Seelenheil als fürs Kindeswohl Erwachsener:
Wahrscheinliches mit Kontingenz und Redundanz,
antiwissenschaftlich mit wissenschaftlichem Anspruch und artistisch mit antifiktionalem Anspruch.
Selbstreferentielle Selbstprogrammierung eigenwilli-
ger Sätze, die sich ihr eigenes Gesetz geben können,
vom begrifflichen Konzept zu bildlichem *Concetto*.

Vollkommene Kunstwerke kopierten nicht perfekt
die unvollkommene Realität, sondern einst deren
vollkommene Ideen darin.

Kunstwerke sind Existenzialisten : Sie erfinden
ihr eigenes Wesen durch ihre bloße Existenz.
Erhaben oder banal ist ihre Selbstbeschreibung,
deren Beschreibung aber nur wahr oder falsch.

Die Halbwertszeit aller wissenschaftlichen Wahrheiten wird immer kürzer. Sie überholen sich selbst.

Theoretiker empfingen in Delphi Orakelsprüche.

Jeshua ben Josef, lateinisch *Jesus*, war ein hebrä-
ischer Armentheologe, der von Reichen liquidiert
wurde, als er sie aus dem Himmelreich hinauswarf.

Im Originalgenie springt nicht immer Ursprüngliches
heraus, sondern auch sprunghaft Neues.

Ob Menschenverstand oder Ständestaat,
Staatsräson ist kein Kunstverstand.

Das Ansehen des Adels beruhte auf sozialen
Manieren und ästhetischem Manierismus.

Die reale Gefahr, die von Virtualisierung ausgeht,
ist die Irrealisierung der Welt.

Ist die Sache in der Sprache repräsentiert
wie Himmlisches im Weltlichen?

Aphoristische *Concetti* suchen Adressaten für ihre
Täuschtricks, die sie selbst eklatant ent-täuschen.

Keiner versteht mathematische Formeln, doch jeder
ihren technischen Nutzen. Jeder versteht aphoristische Formen, doch keiner ihren menschlichen Wert.

Kurzfassende Aphoristiker sind Manieristen, die stets
länger hinsehen als die Profiteure und Professoren.

Laut *Egon Friedell* ist französische Kultur
die „Pedanterie der Narrheit", also aphoristisch.

Aphorismen : Verspielte Artefakte nehmen Fakten
ernster durch nichtfiktionale Fiktionen, weder
mathematisch noch physikalisch noch metaphysisch,
doch wahr-scheinlicher als wahr oder unwahr.

Man kritisiert etwas am wirksamsten, indem man
dessen Ideal zeichnet, als wäre es darin realisiert.

100 Mia. Sterne in 100 Mia. Galaxien,
gut *aufgehoben* in 100 Mia. Hirnzellen?

Tu das Rechte, sieh das Wichtige richtig, sei im Ein-
klang mit dir und deiner Selbstwidersprüchlichkeit!

Heidegger? *Sein* sucht Gott, *und* Kunst sucht *Zeit*.

Aphorismen erfinden witzige Rätsel und rätselhaften
Witz, der Verwirrung erzeugt ohne Triumph des
Kapierens. Sie vermengen Kontraste, die sie getrennt
halten, und scheiden unverträgliche Charaktere,
die sie verheiraten. Sie genießen ihren Triumph,
indem sie Leser infizieren und anstaunen.

Aphoristiker sind Witzbolde, die lachen, da Leser
nicht lachen, weil sie eher Witze als Witz verstehen.

Kultur kultivieren! Raufen verhält sich zu kaufen
wie sterben zu erben und stehen zu gehen.

Jeder unkt heute, „Klimakatastrophe"
sei kein bloßer Unkenruf.

Nietzsches Machtwille hat nichts gegen Willensmacht
zur freiwilligen Unwillenlosigkeit.

Wollen sie höflich sein, bitten sie den lieben Gott um
die Gunst seiner Nichtexistenz, aber es gibt keine
Atheisten, hält sich doch jeder für ein höheres Wesen.

Mancher macht sich erst Sorgen,
wenn es seinen Freunden gut geht.

Einst waren es Mathematiker, die uns Logik lehrten:
Nun sind es Logiker, die uns Mathematik lehren.

Du stärkst den Kapitalismus durch deine Schwächen,
Asketen schwächen den Markt durch ihre Stärken.

Die Arbeitslast ist immer zu groß, ob die Nachfrage
nach deinen Produkten nun zu groß oder zu klein ist,

Die Hoffnung auf die *Büchse der Pandora*
stirbt zuletzt.

Der Aphoristiker übt stabile Selbstsicherheit ein,
indem er die eigene Überlegenheit immer neu zu
meisternden Bewährungsproben aussetzt und dazu
die Überlegenheit genießt, andere ins Ausgleiten
zu bringen und sich schadenfroh daran weidet,
wie sie sich wieder fangen wollen. Streicht er mit
dem Erfahrungsgewinn noch die Lachprämie ein?

Aphorismen wollen gern etwas länger gefeilt sein,
sollen sie nicht nach Jauche oder Jasmin duften.

Wenn der Industrialismus auch ein wahres Bedürfnis
befriedigen könnte, dann das nach gelehrter Muße.

Aufklärung über das finsterste Mittelalter der
Aufklärung durch Naturwissenschaft tut noch not.

Sind seine Momente oft komisch genug,
um die Tragik des Lebens zu ertragen?

Waren die *Maschinenstürmer* illegale,
doch legitime Industrie-Vandalen?

Die modernen Vandalen sind Bauherren,
Architekten und Konstrukteure.

Bitte, bitte, sagt einer, der gar nichts zu bieten hat.
Danke, danke, sagt einer, der Angebote zurückweist.

Die leere Teekanne kann nichts
als abwarten und Tee trinken.

Manie ist kein gutes Antidepressivum,
sondern oft Komplize der Melancholie.

Eine Manie verhält sich zur Depression
wie Manierismus zu Manier(en).

Artenvielfalt an sich hat so wenig Wert wie Weltein-
heit und lenkt auch nur ab vom Schutz des Einzelnen.

Das Bündnis von Katheder und Kathedrale war oft
fruchtbar, der Streit von Dom und Kondom furchtbar.

Das runde Individuum ist die einzige Ausnahme,
welche die Spielregeln nicht bestätigt.

Man verfehlt ein Thema am leichtesten,
wenn man stets bei diesem Thema bleibt.

„Hunde, wollt ihr ewig leben?" Ja, aber nicht ewig
wie die Hunde vor die Hunde gehen im Sternbild
des *Großen Hundes*.

Ein Hundeleben ist das Gegenteil
des Schweinehundelebens.

Der Kyniker *Diogenes im Fass* lebte wie ein Hund,
doch Hunde sind keine Zyniker.

Leben zwei Ehepartner wie Hund und Katze,
ist der eine oft freiwillig Hundsfott
und der andere unfreiwillig Herrchin.

Du beherrschst mich, wenn dein freier Wille
mein Schicksal wird.

Das Schicksal seiner Romanfiguren ist der Autor.

Sind zwei Menschen innig verbunden, braucht es
keine obskure Gedankenübertragung, sondern dann
weiß jeder, was der andere in bestimmten Situationen
vermutlich denkt. Telepathie ist nur Empathie,
die nur von Psychopathen geleugnet wird.

Das Gegenteil von regellosem Zufall ist kein
ebenso *blindes Schicksal*, sondern ein Naturgesetz
(Vorbestimmung durch *Vorsehung*) oder ein
persönlich planender freier Wille. alle Naturgesetze
aber sind freie Willensakte des Allmächtigen.

Von *Brecht* ist nicht das grobe Benehmen, sondern
das „grobe Denken" zu lernen, das nicht den Wald
vor lauter Bäumen übersehen will, ohne deshalb
alles versimpelnd zu verallgemeinern.

Der mühsamste Beruf ist der des Bettlers.

Im Gewöhnlichen das Gewöhnliche zu sehen, ist das
Gewöhnliche. Im Ungewohnten das Absonderliche
zu sehen, ist Gewohnheit. Im Ungewöhnlichen
das Ewige zu sehen, ist klassisch. Im Gewöhnlichen
das Ungewöhnlichste zu sehen, ist romantisch.

Ein *Narrativ* ist eine wissenschaftliche
oder ideologische Story, eine Erzählung aber
eine Geschichte und kein literarisches Narrativ.

Wer noch über einen Witz lacht,
hat die witzlose Pointe nicht verstanden.

Man muss Knechten keine Rechte mehr geben,
sondern Herren mehr Vorrechte nehmen.

Das All rollt ab in Jahrmilliarden, die Evolution
in Jahrmillionen, die Kultur in Jahrtausenden, Politik
in Jahrhunderten, Biographien in Jahrzehnten und
soziale Rollen in Jahreszeiten : Geschichtsskalen.

Ehe : Das Gegenteil von heißem Geschlechterkrieg
ist selige Friedhofsruhe.

Einst gab es Reformation, dann Reformen
und Absolutionen. Nun gibt es Resolutionen
und das Reformhaus.

Siege versiegen, denn Scheitern ist gescheiter.

Kultur treibt es immer langweiliger,
seit sie nur noch Langeweile vertreiben soll.

Ist Gott tot, werden seine Ebenbilder Nihilisten,
die sich für *Freuds* „Prothesengötter" halten.

**Der Biochemiker *Erwin Chargaff* warnte schon
früh davor, in einem unübersehbar komplexen
Filigranwerk herumzupfuschen, ohne die Rück-
wirkungsrisiken der Eingriffe (in Keimbahnen?)
auch nur abschätzen zu können. Man repariert
und optimiert kein Spinnennetz mit Pressluft-
bohrern. Unsere gentechnische Phantasie ist viel
zu grobschlächtig vor dieser evolutionär entstan-
denen Realität. Viel ermuntert und ermutigt heute zum frischfröhlich pausbäckigen Machen, was
man kann, und man wird tun, was man technisch
kann, um das nur Vorgefundene zu verschlimm-
bessern, in Konkurrenz zur Evolution. Die raren
Triumphe der Spitzenmedizin verdecken nur das
Versagen der breiten Volksmedizin.**

Der Atheist überlebt in den Atomen,
in die er nach dem Tode zerfällt.

Du liebst und versöhnst deine Feinde,
indem du dich ihnen anschließt.

Gut ist der, den seine Freunde schon mehr hassen
als seine Feinde.

Kommen Sie, bitte, ich möchte Sie meinen Büchern
vorstellen! Denen werden Sie gefallen.

Mich muss man nur einmal lesen,
um mich für immer zu vergessen.

Wer sich verändert,
kann andere nicht gleich wiedererkennen.

Du hältst deine Versprechen – zur Strafe,
dass du sie gebrochen hast.

Fragesteller sind noch keine Infragesteller,
die gar keine Antwort erwarten.

Wer breiten Heerstraßen die engen Schleichwege
vorzieht, gibt sich als Schwacher zu erkennen.

Es ist leichter, mein Herrscher
als meinesgleichen zu sein.

Was nicht unterhaltsam ist, muss nicht die Wahrheit
sein, doch was nicht langweilt, auch keine Lüge.

Drückst du zeitlebens ein Auge zu,
drückt dein Tod nicht das andere zu.

„Naturereignis" nennt der Mensch,
wofür er keine Verantwortung übernimmt.

Wer hienieden mehr als sein Gnadenbrot isst,
darf im Himmel auf keine Gnade(ntorte) hoffen.

Was bürgerliche Theologen oft übersehen : Alle
Jubeljahre werden den Armen nicht nur die Schuld
vergeben, sondern auch die Schulden erlassen.

Jeder Aphorismus ist ein kleiner Sarg, aus dem
der nächste Aphorismus wieder aufersteht.

Das große Geld verteilt die kleinen Menschen.

Als gültig gilt, was sich vergülden
oder versilbern lässt.

Wer Streiks verbummelt, ist zu faul zum Siegen,
und Beamte dürfen nicht streiken, bummelstreiken
sich aber fleißig an ihre Pensionen heran.

Das Geheimnis des Alls liegt nicht in den einfachen
Elementarbausteinchen, sondern in unentwirrbarer
„Hyperkomplexität" der Schöpfung daraus.

Wenn es zu spät ist, sich zum Leben zu rüsten, und
auch zu früh, sich zum Sterben hinzulegen, bleiben
nur Rechenschaftsberichte aus Danksagungen,
Traueranzeigen und Reuebekenntnissen.

Um verkannt zu sein, muss man kein Genie sein.

Wäre nicht jeder Mensch ein Möchtegern und
Gernegroß, gäbe es nur Kleinkram auf der Welt.

Nur hassenswert hässlicher Hass macht uns hässlich.

Vertraust du einem Freund deine Frau an,
schickst du einen Hund nach Bratwurst.

Ohne eigenen Acker muss man doppelt soviel ackern.

Ein Hund ist der Herr seines Herrschens,
das ihn braucht,

Zeitgenossen vertreiben mich durch ihren Stallgeruch
wie wieselflinke Frettchen durch Arschgestank.

Beischlafmasken gegen zu viel *Licht der Vernunft*
wie *Licht der Welt* werden en vogue.

Zu viel Geduld mit fremder Geduld und Ungeduld
verpasst oft den besten Moment beim faulen Warten
auf ihn.

Das Hirn arbeitet fast nie und nur unterm Druck der
Not. Fast niemand gibt ihm spielerisch freiwillig
ohne Not etwas Gedankenähnliches zu tun.

Es gibt Arme, solange man ihnen nicht reichlich gibt.

Man sollte lieber über seine Stärken lachen, als unter
seinen Schwächen leiden, und liebt das Gegenteil.

Ist man miteinander verfeindet,
wenn man nicht dieselben Feinde hat?

Kultur profitiert eher von *Chestertons* habgierigen
Lastern als von *Nietzsches* schenkenden Tugenden.

Gebildet wirkt hierzulande eher unpolitische Kultur
als unkultivierte Politik, mehr noch Blick auf beides.

Der Edelmut ist jene feudale Tugend, die keinen Mut
braucht und doch den Stolz nährt. Man hilft von oben
herab, ohne etwas anderes geben zu müssen als gnä-
digen Abfall oder Vergebung, die sich selbst nichts
vergibt. Edelmut bewundert sich selbst, natürlich in
aller Demut, statt nur sozial gerecht zu teilen.

Wo Verleiher Zinsen nehmen,
sind Arme schon unter Wölfen.

Wer zu sehr auf menschlicher Unvollkommenheit
beharrt, will sich oft nur nicht erst anstrengen.

Nicht alle Aphoristik ist „eine äußerst strenge und autonome Form des Denkens." (*Heinz Krüger*, 1956)

„Denken und Sein werden vom Widerspruch bestimmt." *(Aristoteles)*

„Der Humorist treibt immer Metaphysik." *(Vischer)*

„So ist es nicht, wie ihr denkt, sondern in Wahrheit ganz anders" : Das ist der (überhebliche) Gestus „tendenziöser Sentenzen". „Was der Laie an der Philosophie wichtig findet, ist fast immer aphoristisch." (Chargaff). „Aphorismen sind wahrscheinlich die beste Art, um philosophische Urteile darzulegen." (Leo Tolstoi). Philosophie hat die vieldeutigen „Gnomiker" *(Gnome:* Erkenntnis) der Lebensweisheit und der Weltklugheit methodisch längst hinter sich gelassen, doch noch lange nicht ausgeschöpft, was sie auch weiter korrektiv von ihnen profitieren könnte. Die Kosten für die Verdrängung anti-systematischer Sentenzen aus der Philosophie sind höher, als diese zu glauben scheint. Die europäischen Moralisten waren mit ihren aphoristisch pointierten „Maximen und Reflexionen" keine pedantischen Moralprediger, sondern analysierten und evaluierten die *mores,* die konkreten Sitten und Gebräuche ihrer Epochen jenseits scholastischer Großsummen und konstruktivistischer Wissenssysteme. Kurz: Aphoristische Diskontinuität schützt vor falscher Argumentationskohärenz, und „Sprachkürze gibt Denkweite." (Jean Paul). Es geht um die Rehabilitierung des nachsokratischen Fragments als uralte *philosophische* Form, als rationale Vernunftkritik, als ambivalentes Gedankenexperiment.

Nur hassenswert hässlicher Hass macht uns hässlich.

„Jede Nation, die dem Denken mehr Bedeutung
einräumt, als sie im praktischen Leben hat,
ist zivilisiert." *(Paul Valéry)*

„Immer wird eine Schlacht erst im Himmel geschlagen, bevor es eine auf der Erde gibt." *(G. Chesterton)*

„Das Beste ist, das Rätsel zu vergrößern."
„Das Paradox ist der Kern nicht nur meines Lebens,
sondern des ganzen Universums." *(Harry Mulisch)*

„Paradoxe sind die einzigen Wahrheiten." (B. Shaw)

„Denken erweitert, Handeln beschränkt." *(Goethe)*

„Aber dass Menschen Durst haben, ist ein Beweis
dafür, dass es Wasser gibt." (Robert Spaemann)

„Überheblichkeit ist die Grundhaltung des Moralisten, ohne die kein Aphorismus glückt." (E. Benyoetz)

„Ein großer Schriftsteller ist einer, der unvergessliche
Sätze schreibt." (Henri de Montherlant)

„Praktische Gesetze, sofern sie zugleich subjektive
Grundsätze werden, heißen Maximen." (Im. Kant)

„Si enim fallor, sum." (Augustinus vor Descartes)

"Ich will nicht zu meiner Epoche gehören; ich suche
meine Epoche zu überschreiten." (André Gide)

„Der Geist soll sich gewöhnen, seine Freuden aus
sich selbst zu schöpfen." (Demokritos von Abdera)

Goethe schrieb an Frau von Stein über die „Klasse
von Menschen, die man die niedere nennt, die aber
gewiss für Gott die höchste ist." (HA, Briefe I, 242)

"Der Geist des Widerspruchs und die Lust an Paradoxen steckt in uns allen." (*Goethe*, HA IX, S. 350)

„The most ingenious way of becoming foolish
is by a System." (Shaftesbury)

„Die Zeit respektiert nur Sätze mit Kanten."
„Die Wahrheit von Paradoxen ist experimentell."
„Der Satz muss feine Manieren zeigen, aber Kanten
haben und kurz sein." *(Nicolàs Gómez Dávila)*

„Di Weisheit des Armen wird missachtet, und seinen
Worten lauscht niemand." (Prediger 9, 16)

„Systemlosigkeit ist auch ein System,
aber das sympathischste." *(Tristan Tzara)*

„Aber war die Zusammenhanglosigkeit etwas anderes
als das Versteck einer aufregenderen Ordnung, die
wir Zug für Zug erst entdecken sollten?" (*B. Strauß*:
„Der Untenstehende auf Zehenspitzen", M 2004)

„Über kurz oder lang werden die Menschen dahin
kommen, mit Ausnahme der berichtenden Erzählung
alles in Aphorismen zu schreiben." *(Samuel Johnson)*

„Da er nicht öffentlich reden darf, findet er die Waffen der unterworfenen Völker : den Aphorismus ..."
(Claude Arnaud: „Chamfort", 1988 / B 2007, 378)

„Quantum possumus, tantum non scimus."

Morgige Jugend wird heutige Jugend richten.

Manche lange Ehe vereinigt zwei Menschen zu *einer*
Person. Dann ist es nicht verwunderlich, wenn beide
oft dasselbe im Kopf haben, ohne dass Gedanken
dazu erst geheimnisvoll übertragen werden müssten.

MP. Kann das eine Unter-Ich einer multiplen Persön-
lichkeit Beinschmerzen haben und das andere nicht?

Solange die Raserei der *Produktivkräfte* eine Fessel
für vernünftige *Produktionsverhältnisse* ist, solange
es aussichtslos bleibt, durch automatisierte Fabri-
ken eine Reduktion gesellschaftlich notwendiger
Arbeitszeit auf eine Tagesstunde für jeden und eine
Schonung aller Rohstoffreserven zu fordern, damit
genügend lange genügend viel für alle bleibt, so-

lange die Produktpaletten der Grundgüterindustrien nicht gesundschrumpfen auf wenige vernünftige Standardformen-zur-Auswahl bei Lebensmitteln, Wohneinrichtungen, Verkehrsmitteln etc., solange demokratisch kontrollierte Gleichverteilung eines vernünftig begrenzten Wachstums auf jeden nicht siegt über Ungleichverteilung eines überforcierten Wachstums, solange asoziales Verhalten nicht demotiviert wird durch gleichen Grundlohn für alle auf Erden, solange elitärer Luxus ein Fortschrittsmotor ist, solange Unterhaltungsindustrien nötig sind, um das ewige Schuften für den Lebensunterhalt zu ertragen, ist es vernünftig, sich in Bibliotheken zurückzuziehen und auf eigene Kosten, mit bescheidenen Mitteln, ein stilles Privatgelehrtenleben zu führen.

Die wichtigsten europäischen Philosophen waren proletarischer Herkunft. Sokrates, Platon, Aristoteles: Unterschicht, Oberschicht und Mittelschicht.
Der Steinmetzsohn *Sokrates* inspirierte den Höhepunkt der antiken Philosophie, den Aristokraten Platon, der den Arztsohn Aristoteles zum Schüler hatte. *Spinoza* war zwar Sohn eines Kaufmanns, verdiente seinen kargen Lebensunterhalt jedoch als Brillenglasschleifer. Der Weg von der europäischen Aufklärung zum deutschen Idealismus wurde von drei Unterschichtkindern bestimmt, dem armen Sattlersohn *Kant,* dem armen Bandwirkersohn (und früheren Hütejungen) *Fichte* und

ihrem bettelarmen missing link S. *Maimon,* dem Sohn eines polnischen Schankwirts. Der beherrschende Philosoph des 20. Jahrhunderts schließlich, Martin *Heidegger,* war einer der Söhne eines schlechtbezahlten Küfers und Mesners an der Barockkirche St. Martin im badischen Meßkirch.

„Spät erst ahnt man die Macht des Unverbundenen, während man als junger Mensch immerzu damit beschäftigt war, *Texte* herzustellen, um sich zurechtzufinden. Man verwob, was nie zusammengehörte. Jetzt misstraut man eher dem Zusammenhang oder er langweilt einen. Isoliert und ausgesetzt, auf steilem Klippenvorsprung, so sieht man die Dinge, die einen interessieren." *(Botho Strauß :* „Vom Aufenthalt")

„Nach manchen missglückten Versuchen, meine Ergebnisse zu einem solchen Ganzen zusammenzuschweißen, sah ich ein, dass mir dies nie gelingen würde. Dass das Beste, was ich schreiben konnte, immer nur philosophische Bemerkungen bleiben würden; dass meine Gedanken bald erlahmten, wenn ich versuchte, sie, gegen ihre natürliche Neigung, in *einer* Richtung weiterzuzwingen." *(Ludwig Wittgenstein :* „Philosophische Untersuchungen", Vorwort, Januar 1945)

Ingeborg Bachmann zu Wittgenstein „Tractatus":
„Brillant geschriebene, nummerierte Aphorismen".

„ ... der ethische Sinn, der sich in Sätzen nicht *sagen* lässt, *zeigt sich* in der ästhetischen Form des Aphorismus." *(Gottfried Gabriel : * „Logik als Literatur?", „Merkur" 32, 1978, S. 361)

Kants spontaner Verstand, „Selbstzufriedenheit a priori", ordnet nicht nur Sinnesreize, sondern ist selbständige „Macht, frei handeln zu können" als distanzierter Beobachter, der sich nie überwältigen lassen will und kein bloßes Gewohnheitstier sein will wie David Hume. Die „objektive Gültigkeit" der rationalen Kategorien allerdings entstammt einer Subjektivität, die Intersubjektivität sein muss: Cogito als Cogitamus, allgemeines Bewusstsein aller Erdenkinder. Mutter Natur an sich ist für mich „unerkennbar" wie ich selber, kann aber als mein Alter Ego frei handeln wie ich selber, auch gegen mich.

Immer nur sprachlich holen Nominalisten die Gattungen durch *Abstraktion* aus Individuen und Universalienrealisten umgekehrt die Einzelheiten durch *Explikation* aus den Gattungen. Wo liegt das fundamentum in re : Wie steckt das Allgemeine in den Individuen, wie stecken die Einzelheiten im gattungsmäßig Allgemeinen?

1976 entwarf *Rüdiger Bubner* eine moralistische Normentheorie praktischer Maximen. Schon zwei Jahrzehnte früher fasste der mathematisch gebildete Rechts- und Sozialphilosoph *Jürgen von Kempski* die Handlung, diese Bedingung auch jeder nichtexperimentellen Erfahrung, als „Transformation von Situationen" : „Diese Umformung einer Situation folgt einer Maxime und im idealen Falle derart, dass mit der Ausgangssituation und der Maxime des Handelnden die Endsituation festgelegt ist." Die praktische Maxime sei die geistige „Regel, die eine Ausgangssituation mit einer bestimmten Zielsituation verknüpft" bzw. auf sie „abbildet". (1956, In : Schriften 1, Frankfurt/Main 1992, S. 417) „Der Rückzug des Philosophen aus jeder Ebene der Forschung hat das Ziel der Entdeckung neuer Ebenen – er sollte es haben." (a.a.O., S. 443)

„Vielleicht lässt sich jeder Philosophenstreit auf drei Elementarsätze reduzieren? … Es gibt keine Elementarsätze. Gäbe es welche, können wir sie nicht feststellen. Könnten wir sie feststellen, wüssten wir nichts damit anzufangen." (*Hans Blumenberg* : „Begriffe in Geschichten", Frankfurt/M. 1998, S. 38f.) Das ist Wittgensteins Weg vom „Tractatus" zum *Sprachspiel,* aber jeder Aphorismus ist ein Elementarsatz, der beides schlagend widerlegt.

Noch Heideggers „Kant und das Problem der Metaphysik" (1929) griff wie schon Maimon, Fichte und Schlegel nicht zurück auf rationale Urteilskraft, sondern auf *transzendentale Einbildungskraft,* die „gemeinsame Wurzel von Verstand und Sinnlichkeit", um die „Kritik der reinen Vernunft" zu verstehen, und interpretierte die „Präsenz des Seins" aus dem „Schema der Zeit": Die subjektive Imagination projiziere das „reine Entgegenstehenlassen des Gegenstandes" als Vor-Bild in die Zukunft. Gegenwart und Zukunft konkurrieren um Identität mit einem ambivalenten „Sich-vorwegsein des Daseins". Das bewegt noch Sartres „Imagination" als eine „Transzendenz des Ego", und fragmentiert sei das „jemeinige Dasein", sofern es „eigentlich" nur in „ekstatischen" Augenblicken existiere, welche die uns gewohnte Alltagskontinuität zerreißen.

Ernst Bloch entdeckte im subjektiven Geist des romantischen Fragments auch Bacons objektiven Forschungsaphorismus, also im Pietisten auch den Physiker Lichtenberg, im Ironiker den Bergbauingenieur Novalis und im Chamfort der Salons den Hippokrates der Gesellschaft. Bloch kennt wie Adorno den „Vorrang des Objekts" vor subjektivem Wahn, aber anders als Adorno keinen Vorrang des Individuums vor der Allgemeinheit. Der Sozialideologe fasste sein System zusammen in den Aphorismus : „Ich bin. Aber ich habe mich nicht. Darum werden wir erst". Die

Hegemonie dieses stoffverstopften Materialismus
über die Ideen des Subjekts korrespondiert dem
Übergewicht des Kollektivs über den individuellen Geist auch und gerade in der roten Utopie.
Blochs „Literarische Aufsätze" (Band 9 der
Werkausgabe von 1965) enthalten den Titel
„Lichtenbergsches Hinauf, Hinab" (wie Heraklits
„Hinauf und Hinab – derselbe Weg"). Weil seine
Aphorismen oft etwas länger sind als französische Maximen, muss sich ausgerechnet beim
Lichtenberg der „Sudelbücher" zeigen „an all
diesen Erfahrenheiten und Scheinburlesken, dass
sie sich keineswegs unter *Aphoristik* unterbringen
lassen." (205) Selbst „Jean Paul (als Denker)"
(203) ist mit „Detektivkunst" und seinem „wichtigen Antidoton gegen uniformes Denken" für
Bloch natürlich kein Aphoristiker, sondern als
gönnerhaft konzessionierter „Denker des Nebenbei" nur Sprengmeister schlechter und Zulieferant
besserer philosophischer Systeme. „Das systematische Wesen soll durch Unterbrechendes, Anakoluthisches, durch das sachgemäße Impromptu
fruchtbar erschwert und so erst groß werden.
Solches Erschweren, auch das ist ein Stück Aufklärung, mit Weltsinn" (207) mitten im Schulsinn. „Aber erst durch Unterbrechendes wird
Zusammenhang - übrigens in jedem Schrifttum –
bewährt ... three cheers for the little difference."
(a. a. O., S. 208)

Der falsche Zusammenhang von Terror und
Utopie wurde inzwischen zum Glück auch wieder aufgehoben von Lichtenbergs, Jean Pauls und
Schlegels Diskontinuitäten. Das deutsche Frag-
ment, etwas länger als die französische Maxime,
sollte das dialektische System nicht sprengen können, sondern sich konstruktiv von ihm integrie-
ren lassen, sowohl Schlegels romantische Fragmente von Hegels idealistischem System wie
Lichtenbergs aufgeklärte Fragmente von Blochs
materialistischem System. Bloch hoffte, dass sein
Widerspruchssystem durch aphoristische Ein-
sprüche nicht „aufgehoben", sondern differenzie-
rend bereichert werde. Inzwischen hat die Geschichte mit ihren „realen Latenzen und Tenden-
zen" nicht nur Hegels System in Fr. Schlegels
Fragmente, sondern auch Blochs System in Jean
Pauls Fragmente wieder gut „aufgehoben". Das
kleine melancholische „Nebenbei" besiegt das
hurraoptimistische Wunsch-"Denken auf großer
Fahrt" – ein Lehrstück der Dialektik. Biblischer
Messianismus ist bessere politische Geschichtsphilosophie und wahrer Proletarismus kein realer
Sozialismus.

Der Phänomenologe Hermann Schmitz sieht den
Aphoristiker Lichtenberg, der Phänomenologe
Sartre den „Pointillisten" Jules Renard als bloße
Positivisten, die nur viele Einzelheiten witzig
sammeln, ohne sie aus einem großen Ganzen ex-
plikativ herzuleiten und darauf zurückzuführen.

Der Witz der frühromantischen Ironisten Schlegel und Novalis hat einen unterschwelligen Bezug zur logischen Grundrelation der „Ähnlichkeitserinnerung", die der Positivist Carnap 1928 zum Fundament seiner fundamentalistischen Konstitutionstheorie machte in „Der logische Aufbau der Welt". Auch der Witz als Schlegels „Prinzip und Organ der Universalphilosophie" lebt von versteckten Ähnlichkeitserinnerungen zwischen heterogenen Vorstellungen. „Ohne Witz wäre eigentlich der Mensch gar nichts, denn Ähnlichkeit in den Umständen ist ja alles, was uns zur wissenschaftlichen Erkenntnis bringt, wir können ja nur nach Ähnlichkeiten ordnen und behalten." (Aphoristiker *Lichtenberg*)

Für den Konstruktivisten *Nelson Goodman* unterscheiden sich m „Sprachen der Kunst" (1968) die ästhetischen von anderen Symbolen nur durch größere „semantische Fülle" und unerschöpfliche Dichte. Ein Kontinuum (etwa der reellen Zahlen) heißt *dicht,* wenn es zwischen je zwei Individuen x und y stets noch ein z gibt mit der Relation R (z.B. <) (x) (y) Rxy —> Vz (Rxz & Rzy). Aus jedem Kontinuum zwischen x und y lässt sich stets noch ein Individuum z explizieren. Jedes ästhetische Gebilde ist also ein unerschöpflich dichtes Kontinuum als schöpferischer Ursprung für diskrete Individuen. Raum und Zeit sind Kontinua.

„Dialektische Philosophie der Neuzeit" von *Wolfgang Röd* erinnerte daran, dass Sartres „Critique de la raison dialectique" (1960) die ganze Schaukelbewegung von De- und Retotalisierungen aus jedem Individuum herauszuspinnen sucht, wodurch dieses Individuum allerdings gerade in *verdinglichten Serien* oder *fusionierenden Gruppen* zu verschwinden droht. Sartre rühmte mit Lévy-Strauss die sozialintegrative Funktion von allen Tauschakten in *kalten Gesellschaften,* Adorno hingegen rügte dann diese entindividualisierende Funktion des „universalen Äquivalententauschs" in unseren *heißen Gesellschaften* – gleichgültig, was da im Einzelnen getauscht werde.

Der nicht mehr oder noch nicht selbstentfremdete Mensch ist bei Hegel der ungebildete Schafhirte, der sich der notwendigen kulturellen Selbstvergegenständlichung entfremdet und dessen *subjektiver Geist* sich in keinem *objektiven Geist* spiegelt. Was der objektiven Selbstentfremdung fremd bleibt, ist aber gerade die weltfremde Subjektivität des Idealisten mit der Poesie des Herzens gegen die Prosa der Welt.

Der Expsychiater Jaspers entdeckte in jeder großen Philosophie notwendige Zirkel und Widersprüche und entzifferte wie Gracian die Geheimschrift der Welt : „Die Substanz dieser Philosophie bilden Aphorismen ... wie bei Nietzsche, wie auch bei Schopenhauer, die umso lebendiger sind, je näher sie der Psychologie bleiben ... Der Gedanke bleibt auf sich gestellt, er wird in keinen rationalen Begründungszusammenhang einbezogen ... Der Leser soll ... sich seiner Wahrheit öffnen. An dieses Offensein ... wird appelliert. Ein solcher Appell hat keine Verbindlichkeit, aber indem er uns als Existierende trifft, hat er seinen Ernst." *(Jürgen von Kempski:* „Brechungen", Frankfurt / Main 1992, S. 322f.)

Aristoteles pries die dianoetische Tugend reiner Theorien um ihrer selbst willen, Laotse ewiges Nichtstun, das nichts ungetan lasse. Epikur lud auch Sklaven in seinen Garten zum frugalen „Leben im Verborgenen". Der adlige Bettelmönch Thomas von Aquin stellte die Vita contemplativa über alle Vita activa. Proletarisch still stand Spinozas einsamer amor Dei intellectualis vor der natura naturans. Kant trieb die philosophische Selbstgenügsamkeit bis zur rationalen „Selbstzufriedenheit apriori", und Schopenhauer wollte ganz theoretisches „Weltauge" werden über dem ganzen bösen Welttreiben.

Poesie versus Poiesis. Einsichten vs. Absichten. Privater Elfenbeinturm vs. öffentliches Engagement. Bewusster Geist des Individuums vs. bewegtes Leben der Allgemeinheit. Göttliche Schöpfung vs. menschliche Gesellschaft.

Theoretisches Betrachten vs. praktisches Trachten. Logik + Physik vs. Ethik + Politik. Einsames Wissen vs. gemeinsamer Willen. Weibliche Flora vs. männliche Bestie. Sterne der Natur vs. Stars der Kultur. Idyllen der Räume vs. Satire auf Zeiten. Passion für Schichten vs. Aktion der Geschichte. Besonnene Wissenschaft vs. sinnliche Machenschaft. Logische Denkgesetze plus physikalische Naturgesetze vs. bürgerliches Gesetzbuch vs. moralisches Sittengesetz.

Kants *Synthesis des Mannigfaltigen* wurde bei Hegel zur Versöhnung der Gegensätze und bei Schlegel zum Witz der Fragmente. Jede witzige Synthese von Auseinandergesetztem ist auch eine ironische Entgegensetzung von Vereinigtem, und alle Differenzierung von Integriertem ist auch eine Integration von Differenziertem. Hegel sah die Einheit aller Widersprüche, Adorno den Widerspruch in jeder Einheit. Hegel erzählte den Universalwitz aller aphoristischen Witze, Schlegel zählte im witzigen Satz die Einheit der Gegensätze, aber den Gegensatz aller witzigen Vereinigungen von Gegensätzen, die *Nichtidentität* aller Identifizierungen. Im Wirrkopf sah Hegel eine schizoide Gefahr und ein Adorno die utopische Chance: Das integrierte Ich war für Adorno ein Zwangssystem, für Hegel ein Antipsychotikum.

Das sanfte Gesetz. Klare Fernblicke auf flache Tiefebenen : Sonne und Seen, Lüfte und Düfte, Sträucher und Steine, Büsche und Bäume, Himmel und Hügel, Wasser und Weite, Blumen leuchten, Bäche rieseln, Wälder raunen und Wiesen ruhen, Felder schimmern und Vögel trillern, Winde sausen und Wolken ziehen ...

„Das große Brouillon, das sich selbst verschlingen will ... Beziehungen und Entsprechungen entfalten nur in Unordnung ihren Reichtum." *(Botho Strauß, 2009)* „Für Systeme scheint allgemein zu gelten, dass sie sich selbst (mit noch unbekannten Graden der Annäherungsmöglichkeit) nicht voll zugänglich sind." (Nikl. Luhmann: „Theorie der Gesellschaft und Sozialtechnologie", Frankfurt /M. 1971) „Der Zufall ist der größere Systematiker." *(Henning Ritter : „Notizhefte",* Berlin 2010) „Der Ältere wird dem Jüngeren dienen." *(Genesis 25,23)* „Die Besiegten haben den Siegern Gesetze gegeben." *(Seneca : De superstitione,. fr 41 f.)* „Nichts ist poetischer als heterogene Mischungen." *(Fr. von Hardenberg, Novalis)*

In den Aphorismen entlädt sich die Dauerspannung zwischen Chaos **und** Kosmos, Gefühlen und Gestalten, Stimmung und Bestimmtheit, Kontur und Konfusion, Gegenständen und Gegenden, Exaktem und Exaltiertem, Ding und Dunst, Bestimmen und Verschwimmen, Strom und Stein, Figur und Fluidum, Fliegen und Liegen, Verfestigen und Verflüssigen, Schweben und Kleben, unterscheidbar und unentscheidbar...

In Aphorismen entlädt sich (geistes)blitzartig der unlösbare Konflikt von ergreifenden Affekten und begriffenen Objekten, von vielsagenden Eindrücken und kombinierbaren Sinnesdaten, gemeinsamen Atmosphären und einsamen Privatsphären, von diffusen Stimmungen und eindeutigen Bestimmungen, vagen Ahnungen und klaren Lösungen, von labilen Ambivalenzen und stabilen Äquivalenzen, von intensiver Qualität und extensiver Quantität, von schmelzender Lyrik und starrer Logik, von bewegten Zeiten und festen Spielräumen, allgemeinen Fakten und einzelnen Faktoren, von gesamten Übersichten und verstreuten Details, von plötzlicher Intuition und schrittweiser Intelligenz, verständlichen Geschichten und erklärenden Gesetzen.

Privatphilosophie. Deine Logik steht m Carnaps „Der logische Aufbau der Welt" (1928 / 1979). Deine Anthropologie kombiniert Freuds Psychoanalyse mit der europäischen Moralistik. Deine Erkenntnistheorie ist niedergelegt in der Abhandlung „Objektivität durch Subjektivität oder umgekehrt?" (1999). Deine Ästhetik kombiniert Naturidyllen mit den universalpoetischen Fragmenten der Frühromantik, und deine Ontologie stammt von dem Neophänomenologen Hermann Schmitz aus seinem Werk „Der unerschöpfliche Gegenstand" (Bonn 1995). Deine praktische Philosophie baut sich auf aus moralistischen Maximen, die von Kants Imperativ auf Recht und Moral geprüft werden. Deine Metaphysik besteht aus monotheistischer Religion, psychoanalysierter Seele und einer Welt, die in Naturpoesie und Gnomik erfasst wird. Deine Kosmologie kombiniert Naturästhetik und den „Selbstaufbau der Natur" von Hedwig Conrad-Martius. Deine Geschichtsphilosophie ist inspiriert von Bibel und Löwith. Deine Sozialphilosophie ist lediglich der Individualismus proletarischer Intellektueller. Deine Kulturphilosophie stammt aus Nicolai Hartmann : „Das Problem des geistigen Sems" (1933 / 1949).

Abstrahendo non mentitur, Hermann Schmitz widmet in seiner *Gewissenserforschung* „Weg der europäischen Philosophie" (2007) Adorno keinen einzigen Eintrag, als sei der kein oder kein innovativer Philosoph, und reduziert ihn an anderer Stelle auf einen bloß *singularistischen* Nominalisten, der das Individuum ineffabile als Deus absconditus vor dem abstrakten Allgemeinbegriff schützen wollte durch cusanische Paradoxien, die von Hegels Dialektik viel mehr trennte als nur das sozialmaterialistische Motiv.

Paul und Pauline sind ein Paar und haben ein paar
Kinder, Paulchen und Paulinchen, kein Pärchen.

Meister zählen zur festen Zunft und (schul)meistern
keinen freien Markt.

Aphorismus, Einsatz für diesen Dreisatz, verhält
sich zum Leben wie Schrecksekunde zum Alltag.

Wer mich im Arsche lecken kann,
findet weder Leckerli noch Leckerei.

Eine *Beziehungskiste* liegt in der Bettkiste,
eh jeder in seine Holzkiste springt.

Ein Steckenpferderennreiter hat mehr Jux
und Joker als ein Berufsjockey.

Erlassjahr. Die Idee, die Rollen von Herr
und Knecht im Laufe einer Generation mindestens
einmal zu tauschen, ist himmlisch einfacher und
genialer als jeder Sozialismus und Kapitalismus.

Aus dem Paradiesgarten vertrieben, muss man
ackern oder ackern lassen. Mancher ackert in Eden.

Aphoristiker dreschen viel leeres Stroh, um darin
wenige Goldkörnchen vor Fans zu verstecken.

Ist *Neutralismus* zwischen Blöcken Kapitulation
vorm stärkeren Block oder Identifikation mit dem
Aggressor?

Du brauchst einen, der dir hilft, ihm zu helfen,
und dem du hilfst, dir zu helfen.

Musik ist Sieg von Klang über Krach, von Rausch
über Geräusch und von Kult über Tumult.

Die wunderbarsten Cocktails mixt man uns
in der Wunderbar.

Verschmilzt ein Mensch mit seinem Steckenpferd,
strahlt das menschliche Honigkuchenpferd
wie *Alpha Centauri* am Himmel.

Die Kirche grenzte sich mehr als ihr Heiland
von dessen Herkunft ab.

Mancher bleibt auch nach seinem Tod
das Lebenselixier anderer.

Wir haben und wurden gehandelt. Im Abspann
des Lebens tauchen unsere Mitspieler, Produzenten
und Regisseure auf mit vollem Namen.

Autopo(i)etische Poesie schafft als erst die Bedeutungen, die sie dann aufruft und beschwört.

Gehen ist nur Sitzen im Stehen,
Laufen nur Fliegen im Liegen.

Man versteht leicht, warum *Hegel* so schwer zu verstehen ist; nur Cannabisschnupfer kapieren Dialektik.

Dein Hund kann dir nicht untreu werden. Seine Treue
ist moralisch nicht mehr als ein Schnappverschluss.

Sitzt Trauer tiefer als Tränen,
trauen sie sich nicht heraus.

Schlimmer als Krieg, der Vater aller Dinge, ist ewiger Arbeitsfriede, das Kind jeder Klassengesellschaft.

Inakzeptabel wirkt, wer zu vieles oder zu weniges
inakzeptabel findet.

Schalksknechte und Spaßvögel sitzen auf der Bank
der Spötter und Speier. Man versteht den Spaß, den
man sich erlaubt, spielt Streiche und Backenstreiche
und auch Ernstfälle durch, und wer viel freies Spiel
hat, treibt viel falsches Spiel. Man spielt sich auf und
hat Mords- und Heidenspaß am Rollenspiel. Man
nimmt seine Spielereien ernst und verspielt den Ernst
des Lebens. Was mal geschieht, das spielt sich nur
noch ab. Wer Ernst macht, wird nicht ernstgenom-
men, und wer die Hand im Spiel hat, setzt sich nicht
aufs Spiel. Man schert aus, sich weg und um nichts.

Sonne bringt Wonne und Dürre,
Regen bringt Segen und Sintflut.

Zeitungsente. Jede Falschmeldung kann arglistige
Täuschung sein oder arg lustige Satire auf Falschheit.

Wer eine Quietschente mit in die Badewanne nimmt,
braucht auch noch einen Einschlafteddy im Bett.

Witz ist die Höflichkeit von Zorn und Angst.

Witz würdigt seine Gegner der zeremoniellen
Beachtung durch Verachtung. Kritik begibt sich
aufs Niveau des Kritisierten herab und huldigt ihm.

Ein einziger Greis macht ein Rudel von Kindern uralt

Der Spott nimmt seine Zielobjekte ernst genug.

Was Verliebtheit wollte, muss Liebe bezahlen.

Mut ist die Fähigkeit, etwas Wichtiges und Richtiges
zu tun nach dem Rausch und ohne Begeisterung.

Keine Praxis macht eine Theorie wahrer
und keine Existenz Gottes seinen Begriff.

Augiasmist im Weltstall, Herr Cul! Fanatische Fans
tun zu viel aus schierer Angst, zu wenig zu tun.

Aphorismen sind keine *Waffen des Geistes*. Denken
entwaffnet : Gewalt, die sich selbst in der Gewalt hat.

Man ist theoretisch Materialist und praktisch Idealist.

Aphoristiker sind Magier. Sie stützen und stürzen
dich *King*, doch kein Ding. Zehn Worte machen ihre
Leser zu Dummköpfen oder Besserwissern.

Aphorismen sind nicht wahr; sie machen wahr.

Täter sind Untäter. Was Handeln schlecht macht,
kann Denken schlechtmachen und wiedergutmachen.

Halbschlaf ist Halbwahrheit, die halbe Sachen macht.

Wissen heißt Wollen, was ist; Wille heißt Wissen,
was sein soll; Hoffen heißt an freien Willen glauben.

Wer sich beherrscht, dient allen;
wer nichts beherrscht, schadet sich und uns.

Wer Trauer trägt, freut sich an ihr,
und wer Angst hat, jagt sie ein.

Ein Moralist nützt uns wie ein moralischer Mensch.

Herrscht der Herr den Knecht an,
steht das Niedere überm Höheren.

Wer triebhaft lebt, sitzt in Triebhaft.

Ich bin glücklich, weil du mich liebst,
doch ich liebe dich, weil mir mit dir alles glückt.

Es ist unbeliebt, dass Witz gesund ist und macht
wie die Liebe.

Mut deinem Leser nicht Schonkost zu, sondern alles,
was du hast, und glaub an Kinder mehr als an dich!

Sag nur, was jeder sagen könnte,
und warum er es doch nicht sagt!

Verkaufst du deine Leser für klug, kaufen sie dich.

Der einsame Leser holt soziales Gerede wieder
aufs beredte Schweigen der Sache zurück.

Wo ich dich kopiere, um Gemeinschaft zu finden,
kapiere ich nichts. Wo ich eine Sache kopiere,
kapiere ich weder mich noch dich.

Werde dem Affen in dir gerecht, ohne ihn zu zähmen
oder auszuwildern!

Bereichert euch an genug Ideen, die ihr verschenkt!
Wer mit Witz geizt, verarmt an Geist und Seele.

Ein Affe kann nicht denken,
da er nie an und wie Darwin denkt.

Der erschöpfte Schöpfer ist ein Mensch,
der erschöpfte Mensch ein Tier. Die wache Pflanze
wäre ein Tier, der ausgeschlafene Stein ein Schwein.

Sucht in jedem das Feld, wo er Held ist, kein Geld,
und seid nicht so klein, wie ihr mich seht!

Glaube an mich, dann werde ich!
Ich glaub an mich, also bin ich nichts.

Alle Güter fallen dem Guten zu, der sie aufgibt.

Phantasie wird, sagt und macht wahr – durch Werke.

Sie linken und zinken Spiel-, Stern- und Landkarten.
Aphorismen erziehen nicht ständig zu *selbständigem
Denken*, sondern zum Mitziehen und Nach-Denken.

Aphoristiker bauschen Kleinkram auf, verzwergen
Riesen und versöhnen Könner und Kenner.

Überwindet, übersteigt, übergeht, übersteht,
überzeugt oder überredet dein Wille den meinen?

Er lacht nicht, weil er fröhlich ist,
sondern ist fröhlich, weil er lacht.

Der beste Aphorismus ist der einzig mögliche
unter hundert Gemeinplätzen an der Heizsonne.
Ihn schreibt der, der sich in die Steinzeit versetzt.

Spiel nur den Hund, der dir dienen soll!

Der Kopf kapiert nur Gedanken,
deren Gesten und Getue er kopiert.

Zweifle stets, dass die Erde sich um die Sonne dreht,
um Kopernikus täglich neu entdecken zu können!

Ich entdecke, Aphorismen geschrieben zu haben,
und schreibe, dass ich sie lieber entdecken will.

Ein logischer Schluss aus falschen Urteilen
wird unvernünftig wahr.

Ungelöste Aufgaben sind falsch gestellt;
richtige Fragen beantworten sich selbst.

Glaub niemandem, der dir stets mehr Dank
als eigene Gedanken eingibt!

Der Psychologe erfasst den Menschen,
wie er nur die Löcher im Käse isst.

Der gesellschaftliche Schrumpfkopf
schluckt jeden einsamen Wasserkopf.

Vernunft kann dem Grauen entgegnen statt begegnen.

Eine Moral, die mich nicht richtet, sei nicht meine.

Was du willst, ist Schwindel, da es Schwindel erregt.

Hol Tagträumer auf den Teppich fester Ideen zurück!

Um nicht schmerzhaft verurteilt zu werden,
fällst man nur scherzhafte Urteile.

Phantasie verbirgt sich die wahren Grenzen.
Wer sie wahrnimmt, nimmt jede wahre Hürde.

Meine Träume sind wahr, weil sie mir wahrsagen,
was ich nicht will.

Gottes Existenz wird bewiesen, wie man über Steine
oder Tiger stolpert, die man übersah oder leugnete.

Geist ist nie untätig, sondern sogar gewalttätig. Das
Hirn ist ein Urteil über Herz und Hymen wie Hoden.

Verbessert man die Welt und die Menschen nur,
indem man sie für gut hält?

Dichter bedenken und Denker verdichten zu wenig.

Geometrie mildert die Schrecken der Geopolitik.

Lässt sich Fanatismus ohne Fanatismus besiegen?

Intelligente Menschen schließen keinen Frieden,
nur Toren eröffnen keine Kriege.

Kenne ich meine Meinung nicht,
verteidige ich sie fanatisch.

Lebe unterm Dach deines Gedankengebäudes
und stoße dich nicht an deinem Fundament!

Lieber Karten und mit Worten spielen
als um die Spieler!

Du sollst wollen, dass du selber wollen kannst,
und kannst frei wollen, dass du wollen musst.

Ich habe Gedanken, also bin ich es, in dem sie vor-
kommen und gehen, wie sie wollen, bevor ich denke.

Große Denker halten sich für freigelassene Irre,
kleine Verrückte für eingesperrte Denker.

Muss man die bewiesene Wahrheit ableugnen,
um sie selbst zu entdecken?

Bevor du Wahrheit und Wirklichkeit schaffst,
sind sie nur Zufälle.

Es ist weiser zu lernen, was alle wissen (könnten),
als zu entdecken, was noch niemand wusste.

Meine Triebe, die mich treiben, und Leidenschaften,
die mich leiden lassen, sind entfernbare Fremdkörper.

Du stirbst nie an dir selbst, sondern nur an mir
oder am Schlag. Menschliche Ehre taumelt
zwischen Heldentod und Krebstod.

Muss man dem Kaiser oder Satan huldigen, ´
um Gott das Seine geben zu können?

Jeder muss seine Todfeinde fördern,
um etwas für sich und die Seinen tun zu können.

Moralischer Wettstreit schafft unmoralische Leute.

Hilfe, Großmut und Toleranz rufen in ihren Objekten
nur Scham, Rache, Wut und Erbitterung hervor.

Der Menschenfreund kann sich nur lieben, wenn er
alle und keinen im Besonderen liebt. Der Misanthrop
hasst auch und gerade den, der alle verachtet – sich.

Der Reiche entgeht dem Hass nur,
indem er sich nie rechtfertigt.

Der Ehrgeizige will noch Unbekanntes,
dem Ehrenwerten reicht Altbekanntes.

Der Geist lässt sich auf die Welt nur ein, um sich
wieder in sich zurückzuziehen und diesen Rückzug
erneut aufs Spiel zu setzen und dadurch zu bestätigen

Nur ein schweres und beschwerliches Leben hat
Gewicht, ein leichtes ist Luft, das in die Luft geht.

Wer sich ständig ent-täuscht, denkt selber nach.

Wer nur mein Unfertiges kennt,
kennt mich besser als mein Werk.

Der Irre macht den Irrenarzt zum halben Irren,
um sich beide nicht ganz zu irren.

Der Philosoph ist so unhöflich, mir zu sagen,
was ich ihm eigentlich gesagt habe.

Schüler lernen von Scholastikern,
wie sie in die Schule des Lebens gehen.

Übereinstimmung mit Leuten
ist Überstimmen von Sachen – und umgekehrt.

Handelt die Maschine, kommt das Hirn zu spät
und rechnet nur ab.

Beschauliches Leben baut auf Vergils *Eklogen,*
nicht auf Vergils *Georgica* oder Hauptmanns *Weber*.

Die Welt macht die Hand gereizt, das Hirn geduldig,
das Herz nur weich und Hymen wie Hoden wutrot.

Man erzeugt Ideen durch Auffinden und entdeckt sie
durch Erfinden, aber hat sie nie.

Ich laufe nicht davon, weil ich verfolgt werde,
sondern werde verfolgt, weil ich davonrenne.

Krieg ist der Sieg von Technik über Mut
und von Langeweile über die Angst.

Intellekt herrscht durch vorsichtiges Zaudern,
Affekt durch voreiliges Wüten.

Jeder wirkt zerstreut, wenn er sich konzentriert
auf die Sache statt nur auf sich.

Urteilskraft in der Einbildungskraft
hebt den Begriff aus den Bildern.

Wahrhaftigkeit ist nur Gedankengang und Müßig-
gang zum einzig Wahren.

Wer Wissen fordert, ist zu eng.
Wer Mut fordert, ist zu streng.

Wer zu viel weiß, ist zu zaghaft,
wer zu wenig weiß, zu tollkühn.

Man wird der Welt noch nicht gerecht, wenn man
richtig sieht, wie es mit unrechten Dingen zugeht.

Wer unmutig stehenbleibt, widersteht anmutig.

Allgemeinste Ideen sind allen Objekten
oder allen Subjekten gemeinsam – oder beiden.

Maschinisten werden durch klügere Maschinen dümmer, doch durch dümmere Maschinen nicht klüger.

Der Künstler wühlt kein Gefühl auf, er bildet es.

Man weiß lange nicht, was man so weiß und hört.
Dann sagt und hört man lange nicht, was man weiß.

Was war das Erste, was du verstanden hast und kein
Mensch war? Es kam aus Mama und keiner Äffin.

Schein wird durch Schein korrigiert wie Anschein
durch Augenschein, Geldschein durch Sonnenschein.
Die Welt gibt dir keine Idee ein, welche die Welt
wiedergibt, sondern nur deren An- und Vorschein.

Manche(r) ent-scheidet sich zu spät, den Degen aus
der Scheide zu ziehen oder die Scheide vom Schwert.

Wir sagen immer die Wahrheit, entweder über die
Welt oder über uns. Aber Wahrheiten vernichten
einander, während Irrtum und Lüge harmonieren.

Begriffe sind stets übergriffige Angriffe als
beste Verteidigung gegen Handgreiflichkeiten.

Welche Umwelt will nicht lieber eines Besseren
belehren als belehrt werden?

Der Kopf kann der Furcht im Herzen Bange machen,
und Angst vor Krieg ist Angst vor der Angst.

Keiner unfreier als einer, der sich gehen lässt. Willst
du, was ich will, darfst du mir nicht nachgeben.

Nicht du bist stolz, denn dein Stolz verschlingt dich.

Stille Bauten helfen gegen Launen und Raunen.

Reizflut wird durch Ideen eher eingedämmt
als verdammt ignoriert.

Sokratische Ironie macht jeden zum Dummkopf;
nur romantische Ironie, die Ungewöhnlichstes durch
Gewöhnlichstes sagt, zieht eher hinauf als herab.

Selbstgewissheit ist gewissenhaft : Jeder ist stets eine
Gerichtsverhandlung von Ankläger, Angeklagtem,
Verteidiger, Zeugen und Richter in seiner Brust.

Unsere Toten werden langsam überlebensgroße Ideen
ihrer selbst.

Sobald du antwortest, weiß ich, was ich sagen wollte.

Denken kommt beim Drauflosschreiben,
Reden erst bei Gedanken anderer.

Beginne vorm Anfangen, ende vorm Verenden und
schließe nach dem Schluss auf erstbestes Besseres!

Heute wird viel schöpferisch gefragt, bis man
zu erschöpft ist für gute Antworten. Aphorismus
ist Philosophie in Marmor, ohne aufgekratztes
Gerenne und fahriges Zucken. Was man wahrnimmt,
kann man sich gar nicht vorstellen – und umgekehrt.

Energische Dynamik ist das aufbrausende Gegenteil
von Leben.

Das *Kind* ist ein Luftikus, der rasch in die Luft geht,
der *Mann* stets im Fluss, der Quelle und Meer sucht,
der *Greis* ein Kristall, der keine Funken mehr sprüht.

Besser als Bauchgefühle des Tiers sind Muskel-
gefühle des Herzens. Ist der Kopf noch gut zu Fuß?

In deinem Innern gibt es zu viel Äußerliches statt
Ideen, in der Außenwelt zu viel Innereien und Interna
statt Innenleben.

Wer keine Krieger liefert, liefert Waffen,
und wer keine Waffen liefert, warme Worte.

Ist Herrliches immer herrschaftlich
und Dienliches immer sklavisch?

In Quarantäne bis du für niemanden gefährlich
und gefährdet. Dahin gehört jeder für immer.

Das hohe C singt der Christ nicht nur für Cents.

Das beste Arztprofil zeigt seine Patientenecke
des Friedhofs.

Gespräch heißt, dein und mein Geschrei als
Gedanken in Gefühlen und Geschäften zu lesen.

Der Politiker denkt nicht an seinen Vorteil,
sondern an die Vorzüge des Gegners : Klopffechter,
die nicht wollen, dass der Zufall siegt.

Was du fangen kannst, hält dich gefangen. Fang an!

Wer in keinem oder jedem Spiel siegt,
steht bald ohne Mitspieler da.

Der Aphoristiker wendet sich dem Leser zu und
fürchtet auf seine gewandten Redewendungen keinen
Einwand, wissend, dass er die Unwahrheit entwendet.

Die ich durchschauen will, verlangen keine Durch-
sichtigkeit von mir. Ich muss beschließen, mich ihnen
entschlossen zu öffnen, um sie mir zu erschließen.

Gleiche jedem, und niemand gleicht dir!

Sieh in jedem einen höflichen Tiefstapler, der dich
verspottet durch Understatement und noch in deiner
Verbeugung befehlsgewohnte Herrscherposen ahnt.

Jeder übertrifft spielend, wofür er nur gehalten wird:
Genie, Idiot, Adonis, König oder Callas wie Caruso.

Arme werden gefüttert, um Reiche zu mästen,
die das Himmelreich dann den Tieren vorwirft.

Zufällige Vorfälle, Anfälle, Zwischenfälle, Unfälle
und Einfälle sind Rohstoff, ungefällige Abfälle,
Ausfälle und Überfälle der Kunststoff des Beifalls.

Aphorismus: Sekundeneinfall mit Ewigkeitshoffnung

Leistungslohn kommt von Gunst und Schicksal,
Gnadenbrot von Kunst und Geschick.
.

Gedachtes kann nachher ausgesagt,
Gesagtes muss nicht vorher gedacht sein.

Der Mensch sieht sich etwas schief und schräg
zur Schöpfung stehen und nennt das seine Freiheit.

Weißes Rauschen : Schreibend lesen und redend
lauschen, lesend reden und lauschend schreiben …

Das blinde Schicksal und der freie Wille bieten sich
einander an und fordern einander heraus.

Das Gedächtnis besteht meist aus bewunderten
Wundern statt unvergesslichen Wunden.

Ein Gedanke wird wahr sein, ein Glaube so wenig
wie ein Gespräch, Geschäft oder Gedicht.

Der Aphorismus, gedruckte Freiheit, findet zufällig
einen Einfall, ohne sich in ihm gefällig zu verlieren.

Der eine Gott schuf die eine Welt nur einmal;
du schaffst deine Welten täglich neu daraus.

Man bejaht und verneint nicht alles, man wählt sich
aus und behauptet sich darin gegen fast alles.

Der Mensch ist eine Fahne im Wind,
die den Wind schlägt, bis er sich geschlagen gibt.

Mit der Zeit gehst du nur, wenn du stirbst.

Alles verläuft (sich) so, wie es muss, bevor du es
mit der Hand begreifst und mit dem Hirn ergreifst,
um vom Herzen ergriffen zu sein.

Die *Diktatur des Proletariats* beginnt mit kurzen
Arbeitskommandos, Anherrschen, und endet
mit kleinen Lockerungsübungen, Aphorismen.

Gesichter betrachten dich,
auf Bildern beherrschen sie dich.

Weltbilder, die sich zwischen dich und Gott stellen,
werden leider als Götter verehrt.

Anmut der Kunst hilft gegen Kleinmut, Hochmut,
Schwermut und Übermut besser als gegen Armut.

Geiz geizt besser mit Zeit und Kraft
als mit Geld und Ehre.

Allgemeinheit, Besonderes und Einzelnes
sind Werkzeuge füreinander oder Hürden.

Man teilt lieber Meinungen als Wissen,
grenzt sich lieber ab durch Jugend als durch Tugend.

Früher unwissend klug, heute gewissenhaft schlau?
Nein, einst warst du hübsch, heute bist du schön.

Zu Porno sagte *Adorno*, „wahre Liebe"
habe schon lieber Warencharakter.

In jedem Purzeln liegen Wurzeln des Genusses
wie Würze in der Kürze. Fuckten Reiche die Fakten?

Wissen ist Kommentar zur Welt, es gibt nur interpretierte Fakten, und Tatsachen sind vollendete Untaten.

Das Hochhaus ist die gewöhnliche Drittwohnung des
Reichen, sein Hosenstall das gewohnte Freudenhaus
des Sklaven.

Freytags „Soll und Haben" hat nichts vom Sein-
sollen und -wollen *Kants*, liest sich aber leichter.

Glaub nichts als das Unwahrscheinlichste, das
die Allgemeinheit bezweifelt, denn Sieg ist Krieg.

„Schon seit meiner Kindheit kommt es mir so vor,
als müssten sich die allein gültigen Texte in einen Stein
eingravieren lassen." *(Francis Ponge)*

Nur Anfänger schaffen Vollkommenes, dann beginnt
die Arbeit des Künstlers. Kunst übertrifft Perfektion.

Hegel : „Vernunft ist der Schluss" auf das Unwesen
der Sache selbst, ein aufgeschobenes Todesurteil.

Herrscherlob als Verriss. Was auch komme, was
es auch sei, übertriebenes Lob ist die beste Satire.

Wer Witze macht, ist Dichter;
wer Witz hat, ist Denker.

Neutralität ist für Menschen unmöglich, bestenfalls ein Ideal oder eine Utopie. Man ist immer eingeschifft, auf großer Fahrt und ziemlich in Fahrt. Sowohl Interessen als auch Ideen ziehen uns in diese oder jene Richtung, Triebe treiben uns vor sich her, und Leidenschaften lassen uns lustvoll leiden. Wer ist unbefangen und unvoreingenommen genug, den göttlichen *view from nowhere* einzunehmen und dann auch durchzuhalten? Wer nichts als erwiesene Fakten sprechen lassen will, hat damit weniger getan, als er glauben mag, denn auch der mediale „Faktencheck" muss seine subjektive Auswahl treffen, damit die Fakten für uns da sind und ihren Mund auftun. Niemand kann alles oder nichts wählen. Sobald er seinen freien Willen kundtut, hat jeder seine Neutralität schon aufgegeben, die eher himmlische Gleichgültigkeit als objektive Allgemeingültigkeit wäre.

„Faktencheck" oder Faktenscheck? Kann der Neutrale die Alternativen gegeneinander ausspielen, damit in Schach und sich vom Leibe halten?

Ich kann versuchen, den Schiedsrichter zu spielen zwischen Kampfgruppen oder Streitpartnern, und meine eigene Wahl zurückhalten, indem ich nichts als die geltenden Spielregeln beachte und zur Geltung bringe. Mein eigener Wille besteht dann nur noch darin, auf eigenen Willen vorübergehend zu verzichten, um nicht Partei zu ergreifen. Meine Vorlieben und Abneigungen verstecke ich vor mir und anderen. Ich spiele dann das beliebte Neutralitätsspiel, weil ich nicht neutral sein und über allen Lagern stehen kann. Mein Blick auf Fakten ist beschränkte Perspektive, die an der Selektionsrampe der Möglichkeiten steht und das verbergen möchte. Vergebliches, oft eher gezielt vorgetäuschtes als rührend naives Bemühen.

Wissenschaftler stammen ab von Handwerkern
wie Mystiker von Logikern.

Kriege werden stets geführt gegen die Langeweile
ewigen Arbeitsfriedens, um den Turm von Babel
und jeden Elfenbeinturm umzuschießen.

Ein Aphorismus, Mikroskopteleskop des Geistes,
ist mit einem Satz am Ziel und zu ungeduldig
für einen Roman, doch nicht für Romantik.
.

Fühlen die Armen und Schwachen sich nicht
als *Erniedrigte und Beleidigte*, gibt es keinen
Aufruhr und Aufstand, die Wut der Gekränkten.

Die Buche, gestern vor Augen, welkt schnell.
Die Buche, vorgestern im Buch, blüht ewig.

Beweise beweisen. Was kann dem Skeptiker
beweisen, dass es stets und für alle gilt?

Die Mehrheit sorgt für den Unterhalt derer, die
zur Unterhaltung nichts beitragen als ihren Raub.

„Abwechslung ohne Zerstreuung":
Aphoristische Pädagogik

Fortschritt : Erst trägt das Gefühl den Gedanken,
dann der Intellekt den Affekt ab.

Gedanken : Fegefeuer der Geschäfte und Gedichte.

Die Zukunft wird die Vergangenheit nicht
widerlegen, sondern besser beweisen,
als es die Gegenwart tut.

In-fantile Kindsköpfe sind heute Infanten,
die mitregieren, aber nicht mitreden können.

Aphoristiker machen aus Scheiße gern Gold,
wenn sie nicht gerade Scheiße im Gold sehen.

Mein Hass auf mich kränkt mich mehr als deiner.

Huren wie Heilige kränken den Mann, doch Huren
werden oft vergötterter als Heilige.

Liebe idealisiert, um nicht wiedergeliebt zu werden
von Unliebenswürdigem.

Der Sieger will Frieden, der Verlierer den Krieg.

Soll der Damenrucksack das Gewicht der Oberweite
ausgleichen, ohne als Buckel zu wirken?

Votierungskompetenz im Leben hat jeder kraft
Geburt, im Club nur das Mitglied kraft Geschäft.

Mein Wille geschehe, soweit Dein Wille geschieht!

Um gut zu sein, musss ein Mensch gut und böse
sein; um klug zu sein, darf er nicht schön
schlau sein.

Die Seele ist nur das, was der Leib sein will,
wenn sie nicht den Geist verkörpern soll.

Aphoristiker sind unausgerüstete Abenteurer,
die nichts erleben, aufs Unganze gehen und
Folgen fürchten wie den Erfolg.

Gedanken, die einmal gelehrt wurden, werden wahr;
Gefühle, die nicht genährt werden, währen nicht.

Bessere Vorbilder werden wir erst nach dem Tode,
und Schreckgespenster sind jedem die Leichen,
die er im Keller hat.

Du überlebst in meinem Gedenken
wie mit der Zeit in meinem Dank und Gedanken.

Aphoristischer Florettdegen bringt den Toten
Wunden bei, von deren Blut sie leben.

Institutionen wie Instinkte sind Denkmäler
ewiger Geschichtslosigkeit.

Die Tinte ist noch nicht trocken, da sind sie
und alle Handschriften schon veraltet.

Wer das Rad erfand, war ein größeres Genie
als mancher *Salvador Dali*, der es ab hatte.

Ein *Petit déjeuner* ist das gebildete Zwischen-
frühstück deutscher Snobs.

Der preiswerte Anbieter preist den Tiefpreis
seiner hochwahren Warenwerte.

Wer verbergen will, dass er etwas zu verbergen hat,
muss nachweislich etwas ganz anderes offenlegen.

Totengeister werden wie lemurische Halbaffen
behandelt, aber mit dem Blut unserer Erinnerungen
gefüttert, bis sie reine Ideen und Vorbilder sind.

Neomoral ist nur noch Inzuchtmeisterei, die keine
Unzucht mehr bemeistert. Amors Pfeile treffen
die Moral, machen aber in Amoral verliebt.

Der Verdrehmoment verliebter Köpfe
liegt nicht nur momentan bei 180 Grad.

Der Mensch ist so wenig rüffel- und rüttelbedürftig
wie das Baby, das er war. Sonst bricht sein Genick.

Der Mensch trägt seinen Kopf samt Kette wie der
Mönch seine Kutte. Beides ist immer zu waschen.

Langweiler langweilen vor allen sich selbst.

Gartenliebhaber sind wie Tierfreunde;
sie haben ihre Lieblinge zum Fressen lieb.

Nostalgie sehnt sich zur Nostalgie zurück,
und langsam geht uns alles zu schnell.

Bricht das große Donnerwetter los,
vermisst mancher die Geistesblitze.

Du nimmst Dinge und Interessen wahr und bewahrst
im Kopf nur, was dich nicht interessiert.

Eine Familie besteht heute aus circa drei Personen,
die einander hassen und deshalb nie verlassen.

Wenn Wolken brechen, kotzen Wolkenbruchstücke
pures Wasser.

Ein Nerz ist die Luxusausgabe des Illtis,
der beim Tierarzt sitzt.

Der Tor kommt durchs Himmelstor statt Fabriktor,
der Weise ist ein grauer Umwegweiser dahin.

Das Schwein ist nur dem Schweinehund sau-ber.

Hegels Geistessystem war die Vollendung der europäischen Metaphysik, die mit Sokrates und Platon begann. Danach fiel Philosophie wieder auf überwundene Positionen zurück. Vielleicht kann einstmals Gold winken, wenn jemand in seinem Kopf die drei Meisterdenker Maimonides, Thomas von Aquin und Ibn Ruschd miteinander diskutieren ließe.

Wachstum schmerzt, Verfall aber scherzt.

Bestatte deine Einfälle, bis sie auferstehen im Leser!

Abendland : polygamer Übermut.
Morgenland : monogame Armut.

Geht das Bein träger, rennt die Zeit reger.

Du hast ihre Stimme noch im Ohr : „Ich weiß
gar nicht, wozu ich überhaupt auf der Welt bin.“

Sebastian Franck : „Paradoxa" (1534)

Die Welt kann nicht leiden, was sie lobt.

Gott ist der Welt Teufel.

Die Welt glaubt auch das nicht, was sie glaubt.

Den unüberwindlichen Gott überwindet leicht jeder.

Durch die Sünde erlöst Gott oft von Sünden.

Gott gibt nur denen, die vorher genug haben.

Gott ist nicht näher, als wenn er fern ist.

Man kann nichts sagen, was nicht zugleich wahr
und falsch ist.

Was menschlich ist, das ist teuflisch.

Von seinem Recht zu weichen
ist die größte Gerechtigkeit.

Gute Werke schaden dem Gottlosen mehr
als sie ihm nützen.

Es ist oft besser, ein kleines Almosen zu nehmen
als ein großes zu geben.

Die Welt ist ihr eigener Prophet.

Der Wille des Menschen ist beides:
frei und gefangen.

Der dich ohne dich erschaffen hat,
wird dich nicht ohne dich selig machen

„Ich möchte, dass die Gedanken in einem Buch
einander folgen wie die Sterne am Himmel „.. ohne
sich zu berühren.“
„Ich möchte die Weisheit in Münzen schlagen, d. h.
in Maximen prägen.“
„Maximen sind für den Verstand, was Gesetze für
das Handeln sind … Sie sind der Faden im Laby-
rinth, der Kompass in der Nacht.“
„Es sind die vereinzelten und isolierten Gedanken,
die einen Schriftsteller charakterisieren.“
„Schmuck in der Knappheit – einzige Schönheit des
Stils.“ „Es ist eine große Kunst, den Gedanken wie
ein Wurfgeschoß zu schleudern und in die Aufmerk-
samkeit zu senken.“
„Man begreift die Erde erst, wenn man den Himmel
erkannt hat.“ „Man muss dem Himmel nachgeben
und den Menschen Widerstand leisten.“

(Joseph Joubert : „Carnets“)

Théod. Jouffroy (1796-1842): "Das grüne Heft"

Den Tod fürchten, heißt dem Leben zu viel Ehre erweisen. Das Leben tröstet uns über den Tod und der Tod über das Leben.

Man müsste Truppen an die Grenze des Todes verlegen, wenn die Unsterblichkeit bewiesen wäre, sonst würde die Armee der Lebenden desertieren.

Selbstmord ist ein schlecht gebildetes Wort; was tötet, ist nicht identisch mit dem, was getötet wird.

Das Leben des Menschen ist eine lange Geburt; deswegen können wir nicht an den Tod glauben.

Wenn der Mensch der Körper wäre, gäbe es keine andere Moral als die Hygiene. Die Unentrinnbarkeit der Natur ist nur ein unabänderlicher Ratschluss Gottes.

Nichts gleicht so sehr der Mittelmäßigkeit wie die Vollkommenheit. Der scheinbare Grund dafür ist zu einfach, um gesagt zu werden, und der wahre zu kompliziert, als dass man ihn in wenigen Worten sagen könnte.

Man muss viel Geschmack haben,
um dem seines Zeitalters zu entgehen.

Die Sinne nehmen die Welt beim Schwanz, die
Vernunft beim Kopf, die Mitte entgleitet immer.

Das Vergnügen ist nur ein Zeichen des Guten;
die Unmoralität besteht darin, das Zeichen für die
bezeichnete Sache zu halten.

Es gibt keine Wahrheit, die nicht noch wahrer
wäre bei beschränkterer Denkungsart.

Man verbringt die eine Hälfte des Lebens damit,
sich das Glück zu erhoffen, und die andere, eine
Hoffnung zu vermissen.

Die Flucht kann erreichen, die Geringschätzung
erlangen, die Stille überzeugen, die Gleichgültigkeit
anziehen; die Wege des Herzens sind undurchdring-
lich wie die Gottes.

Eine Seele verrät niemals ihr Geheimnis,
als wenn sie es nicht weiß.

Ein Tag genügt, um festzustellen, dass ein
Mensch böse ist; man braucht ein Leben, um festzustellen, dass er gut ist.

Es ist nicht Egoist, wer es sein will;
die guten Herzen wissen es.

Um die Achtung der Menschen zu erlangen,
muss man ihrer viel würdiger sein als sie.

Trösten heißt, an den Egoismus erinnern.

Die Liebe ist die Sehnsucht nach dem,
was uns fehlt. Also muss man vollkommen sein,
um sie zu empfinden.

Wenn die große Moral die kleine tötet,
so vergilt es ihr die kleine wohl.

Jean Paul : „Vorschule der Ästhetik", 1804 :

„Die Bastille einkerkern : Der Witz-Zirkel,
diese wahre ens causa sui."

„Der Scharfsinn ist das Gewissen des Witzes….

„Mithin muss der Witz, wenn man nicht welken
soll, fortreizen." „… wenn dieser Dithyrambus des
Witzes, welcher freilich nicht in einigen kargen
Funken eines geschlagenen toten Kiesels, sondern
im schimmernden Fort- und Überströmen einer
warmen Gewitterwolke besteht, den Menschen mehr
mit Licht als mit Gestalten füllt: dann ist ihm durch
die allgemeine Freiheit und Gleichheit der Weg zur
dichterischen und zur philosophischen Erfindung
aufgetan." „Der ästhetische Witz … der verkleidete
Priester, der jedes Paar kopuliert, tut es mit ver-
schiedenen Trauformeln." „Überhaupt verzeiht der
Deutsche den Witz als Nebensache lieber denn als
Sache." „Freiheit gibt Witz (also Gleichheit mit),
und Witz gibt Freiheit."

Stimmen hören, die nicht stimmen

Am Anfang war die Unbestimmtheit, ob etwas dieses oder nicht dieses oder gar jenes ist. Diese Unbestimmtheit wird erlebt in Stimmungen und ist eine unbestimmte Bestimmbarkeit. Die Bestimmung des bestimmbaren Unbestimmten wird zur Abstimmung zwischen selbstbestimmten Menschen vorgelegt in einem Urteil: Ein absolut oder relativ unbestimmtes Etwas, das als Satzsubjekt auftritt, wird verdeutlichend bestimmt durch und als ein Prädikat. Diese Verdeutlichung hebt eine Mehrdeutigkeit in größere Eindeutigkeit und zielt von Andeutungen auf bestimmtere Bedeutungen des Urteils, welches etwas zu etwas anderem verurteilt. Die Aussage stimmt, wenn sie übereinstimmt mit dem, wozu uns Stimmungen bestimmt haben. Entweder werde ich bestimmt oder habe zu bestimmen. Ich bin theoretisch bestimmt als T oder praktisch bestimmt zu P. Wenn ich mich selbst bestimme, bestimme ich mich *als* T und *zu* B, bestimme mich also selbst dazu, ich zu sein. In der negativen Anthropologie ist der Mensch dazu bestimmt, zu nichts Bestimmtem bestimmt zu sein, sondern sich selbst bestimmen zu können, aber unter der vorgefundenen Bedingung, dazu auch gestimmt zu sein.

Bevor ich mich als jemand und zu jemand bestimmen kann, muss ich dazu gestimmt sein und nicht verstimmt. Jede Übereinstimmung mit Sachverhalten oder Menschen setzt Einstimmungen voraus, die zu Abstimmungen führen können, sobald ein Thema angestimmt ist. Erfahrung ist Zustimmung zu einer Gestimmtheit. die uns umstimmt. Falschheit ist Unstimmigkeit, Wahrheit ist Einstimmigkeit der erhobenen Stimme und der erzeugten Stimmung. Jedes Unbestimmte wird primär in der Stimmung bestimmt, die uns mit ihm bekannt macht. Etwas erfahren heißt, sich umstimmen zu lassen, also dem zuzustimmen, das uns dazu bestimmt, etwas als etwas anderes zu bestimmen als bisher. Sich überstimmen lassen von anderen Stimmen heißt noch nicht, mit etwas Bestimmtem übereinzustimmen, aber jeder darf seine Stimme erheben und abgeben und damit sein Veto einlegen, denn jeder hat eine Stimme, eine natürliche und eine politische. Das ist das philosophische Sprachspiel der „Stimme" und des „Stimmens", das einen Einfluss meint, der nicht mechanisch von einem Festkörper zu einem anderen durch Druck und Stoß übermittelt wird, sondern atmosphärisch.

Traditionell gilt Wahrheit als Übereinstimmung des Subjekts mit seinem Objekt. Übereinstimmung aber setzt voraus, dass sowohl Subjekt als auch Objekt in dem bestimmt werden können, was sie sind, weil sie in sich schon bestimmt sind. Wie sollen unbestimmte Größen, wie soll eine bestimmte und eine unbestimmte Größe übereinstimmen können?

Entweder bin ich es, der bestimmt, was das Objekt ist, oder das Objekt ist durch sich selbst bestimmt und ich stimme da seiner Bestimmtheit nur zu. Dann wäre Wahrheit die Zustimmung zu einer Bestimmtheit. Entweder bestimme ich etwas dazu, mich zu bestimmen, oder etwas bestimmt mich dazu, es zu bestimmen. Wenn weder das Subjekt sein Objekt bestimmt noch von ihm bestimmt wird, sondern wenn zwei Subjekte sich treffen, die einander nicht zu Objekten bestimmen, dann können sie sich abstimmen oder einander bzw. einem Dritten zustimmen. Wer etwas zu bestimmen hat, ist ein Machthaber oder ein Forscher, und Adorno hielt deshalb gelegentlich den Wissenschaftler für einen Diktator über seine Objekte.

Es ist *unbestimmt,* ob die Sachverhalte A oder B oder C oder ganz andere vorliegen, und es ist *bestimmt,* dass A und B und C vorliegen oder nicht. Bestimmte Größen lassen sich abzählen, und unbestimmte enthalten Unzähliges. – Man nehme eine Menge aus fünf Elementen. Ein Ganzes nun ist nicht deshalb mehr als die Summe seiner Teile, weil es mehr als fünf Elemente enthielte, sondern solange unbestimmt ist, wie viele Elemente es umfassen kann. Die meisten Begriffe haben einen unbestimmten Umfang: Im Begriff ist nicht inbegriffen, wie viele Objekte ihm entsprechen und welche ihm genügen können.

Etwas ist bestimmt *als* etwas oder *zu* etwas. Wer *zu* etwas bestimmt ist, der ist noch nicht *als* dieses bestimmt, und wer *als* etwas bestimmt ist. kann *dazu* bestimmt gewesen sein oder nicht. Wenn A dazu bestimmt ist, als B bestimmt zu werden, dann sagt man, dass es B impliziert als Anlage.

Wenn etwas mal bestimmt A und ein andermal bestimmt B ist, dann kann man weder sagen, dass es A, noch dass es B, noch dass es beides zugleich ist, sondern dazu bestimmt, mal A und unter anderen Umständen B, aber z.B. bestimmt niemals C zu sein. Zuweilen bleibt ganz unbestimmt, ob etwas bestimmt oder unbestimmt ist, und diese Unbestimmtheit *zweiter Stufe,* die *unbestimmte Unbestimmtheit,* unterscheidet sich von der bestimmten Unbestimmtheit durch ganz besondere Unstimmigkeit.

A v -A : Der Satz des ausgeschlossenen Dritten kann auch die Logik dieser Unbestimmtheit ausdrücken, ob A vorliegt oder nicht. Wer die Modallogik vorzieht, könnte mit dem Funktor M *(möglich)* aussagen : M(A) ▪ M(-A), aber diese zusammengesetzte aristotelisch-scholastische Bestimmung der „Kontingenz" ist nicht äquivalent mit dem falschen Satz: M(A ▪ -A).

Es kann unbestimmt sein, wie viele Bestimmungsmöglichkeiten es gibt und welche davon realisiert ist und ob eine bestimmte Möglichkeit A vorliegt.

A oder Nicht-A : Welche dieser beiden Möglichkeiten vorliegt, kann unbestimmt bleiben, d. h. nicht nur subjektiv unbekannt, sondern auch objektiv unausgemacht. Es ist zuweilen unbestimmt, ob etwas unter einen bestimmten Begriff fällt oder nicht.

Adorno hätte gesagt, es sei nicht bestimmbar, ob etwas identifiziert oder ‚nicht-identisch' ist.

Wenn beide Möglichkeiten offen sind oder wenn offenbleibt, welche Möglichkeiten überhaupt offenstehen, kann jede dieser Möglichkeiten realisiert sein. An dieser Stelle setzt der Witz ein, der die Bestimmbarkeiten gleichzeitig realisiert, auch wenn sie einander ausschließen. –

Der Aphorismus bestimmt etwas *als* etwas und lässt es zugleich unbestimmt; er verbindet zwei Bestimmungen und lässt unbestimmt, ob das stimmt, indem er eine Stimmung erzeugt, die Zustimmung zugleich anfordert und abweist. Dieses Zugleich von Stimmung, Bestimmung und Zustimmung zu beidem überstimmt unsere Verstimmung über die Unbestimmtheit, ob Logik oder Unlogik herrscht.

Objektive Bestimmungen, die auch stimmen, sind gewöhnlich mitbestimmt von subjektiven (Ver-)-Stimmungen, in denen das selbstbestimmte Subjekt aber gerade auf etwas eingestimmt wird, von dem es überstimmt wird und dem es nur noch seine Zustimmung gebe, um mit ihm übereinzustimmen. Eine Stimme ist abgestimmt auf Eindrücke, die einen unbestimmten Gehalt durch eine bestimmte Gestalt hindurch unausdrücklich ausdrücken. Stimmungen sind bis zur Über(ein)stimmung auf eine vom Objekt angestimmte Stimme eingestimmt und abgestimmt.

Einsam und gemeinsam, altern und veralten

Die meisten Hochbetagten träumen vielleicht davon, abends ahnungslos einzuschlafen, um am folgenden Morgen einfach nicht wieder aufzuwachen, also im Schlaf zu sterben, wie sie schlafend gelebt haben, ohne es zu bemerken. So still davonzugehen, ist allerdings nur wenigen Glückskindern beschieden, wie die medizinische Statistik ausweist. Manches Ableben zieht sich elendig lange hin. In jeder Phase der Alterskrankheiten, zu denen auch das Altern selber zählt, verlieren sich weitere gewohnte Fähigkeiten, und fast jeder Mensch wird mit den hohen Jahren quälend schwächer, dümmer, starrsinniger, kleinkrämerischer und unbeweglicher, heißt es. Der alte *Max Frisch* meinte, das Schlimmste am Alter sei nicht der obligat(orisch)e Kräfteverfall, sondern die Langeweile in dessen Gefolge. Was dich früher fesseln konnte, lässt dich nun immer gleichgültiger. Deine bevorzugten Lebensthemen scheinen ausgelutscht, mehr Saft kann deine Eigenart da nicht herauspressen; die paar Tröpfchen lohnen kaum noch den Aufwand. Überhaupt tröpfelt alles nur noch, was in besseren Zeiten an Quellen vielleicht auch nicht gerade gesprudelt hatte, geistig und see-lisch wie körperlich.

Stirbt der langjährige Lebenspartner vor dir, vereinsamst du leicht vollends. Die wenigen noch lebenden Bekannten und Verwandten sind kein Ersatz für diesen einen Mitmenschen, der dein Leben bis zuletzt begleitet und hilfreich geteilt hatte. Mit diesem Zeugen deiner Jahrzehnte verschwindet auf Nimmerwiedersehen alles, was nur noch in Erinnerungen ein trügerisch verklärendes Andenken bewahrt. Das Schwere am langen Gegeneinander schwindet langsam, nur noch das ewig Schöne am anderen tritt deutlicher hervor. Die kurze Zukunft des Greises wird damit verbracht, die lange Vergangenheit im Gedenken immer wieder mal durchzugehen und zu durchdenken, wehmütig, vergnügt, beschämt, reuevoll, scherzhaft und schmerzhaft und dankbar zugleich. Was dir alles vergönnt und geschenkt war, was dir alles erspart oder zugestoßen oder entrissen war! Das alles sind laut *Schopenhauer* triviale Gedanken, die fast allen Menschen „in fortgeschrittenem Alter" kommen mögen, immer wieder in geübter Aussichtslosigkeit, die an das Abtreten gewöhnt. Was wurde erreicht, was verpasst, was vermasselt oder übersehen, was unter- oder überschätzt? Zu spät zum Korrigieren und Wenden. Die Resümees und Bilanzen werden ständig überarbeitet, obwohl nichts mehr zu arbeiten da ist. Ob nun ehrlich oder geschönt, was bleibt noch davon, wer oder was wird überleben von dir oder mit dir endgültig verloren gehen? Hinterlässt du leibliche oder wenigstens geistige Kinder, mit deinem Lebenspartner gezeugte? Taugt die so lange gemeinsame Vergangenheit wenigstens noch als ein tragfähiges Fundament, als Treibstoff für kurzfristige Zukunftsprojekte, die gar keine geduldigen Planungen und Vorarbeiten mehr bräuchten?

Dein Tod kann dich unterwegs in jedem Augenblick überrumpeln, aber das war ja schon immer so und wird nun immer wahrscheinlicher. Wird es Schlaganfall, Herzinfarkt oder eine Krebsgeschwulst sein, was dich irgendwann aus deiner Welt herausreißt? Ein Mordanschlag ist wohl eher unwahrscheinlich. Deine lebensbegleitende Grundkrankheit war ja ein permanentes „Memento Mori", und seinen Tod verdrängt doch niemand nachhaltig, was auch immer so dahergeredet wird. – Deine Lebensgefährtin sagte kurz vor dem Ende : „Meine Uhr ist wohl abgelaufen, der Rest macht mir Angst. Du darfst nicht vor mir sterben. Du bist mein Lebenselixier, und ich kann nicht mehr allein leben." Ein schweres und bewundernswert tapfer verbrachtes Leben …

„Ich will ihm eine Helferin zur Seite geben", und das war sie dir durch Dick und Dünn. Über ihren

Tod hinaus sorgt sie für dich und dein Lebenswerk. Ohne sie hättest du nicht so gut überlebt und dieses Werk schaffen können, klein, aber dein. Der Abschied, der keine Scheidung ist, wird weiter wehtun. Verarbeitet wird nie etwas, und *Trauerarbeit* ist so unsinnig wie *Beziehungsarbeit*. Du überstehst etwas, es löst sich eines Morgens von selbst in Bilder auf. Auf immer „in Liebe und Dankbarkeit". Ein Ende wie *Philemon und Baucis*, zwei Lindenbäume im Winde?

Du sitzt plötzlich allein auf diesen Erinnerungen an fünfzig gemeinsame Jahre und kannst nicht wieder anknüpfen an das einsame Junggesellenleben davor. Immer mehr Zeitzeugen deiner Generation sterben vor dir dahin. Es gibt immer weniger Mitmenschen, die deine Erinnerungen noch teilen : „Weißt du noch, als wir damals …?" Was tun mit dem armseligen Lebensrest, mit den Trümmern, die sich aus den Zusammenbrüchen gerettet haben, für wie lange noch? Welche Fahne hochhalten? Oder ist alles nur noch dürres zusammengekehrtes Laub für den Komposthaufen? „Weiter Meisterwerke schreiben und ganz alt werden!", lautete doch ihr so großzügiges Vermächtnis an dich, aber „woher nehmen und nicht stehlen"?

Immer längere und leere Tagesstunden, in denen du nichts Besseres mit dir anzufangen weißt, als den Wolken vorm Fenster nachzusehen. Bei schwarzem Tee nur noch kurze innere Aufschwünge, die rasch wieder in sich zusammenfallen in graues Einerlei. „Nur einmal noch die junge Trunkenheit des Gipfelstürmers spüren", schrieb ein verbrauchter *Sartre* sehnsüchtig.

Kannst du stundenlang in den neuen Gartenfrühling hinausträumen? Der alte „Hochzeitsbaum" blüht wie in jedem Jahr. Blauer Himmel, weiße Wolken, rote Dächer, grüne Bäume, gelbe Blumen. Das ist schön, und diese Schönheit trägt schon ihren Tod in sich? Das alles sind ebenso trübsinnige wie triviale Gedanken, die nicht schaden und nicht helfen. Wann schlägt dein Tod die Zeit tot, die du mit solchem Dösen totschlägst? Kommt er von innen oder immer von außen, wie *Spinoza* schrieb?

Du bist schon froh, wenn du noch die Treppen und deinen kleinen Haushalt schaffst. Einmal pro Woche holt dir eine zuverlässige Helferin für ein kleines Entgelt Lebensmittel aus dem Supermarkt in deine Dachmansarde, so dass du noch nicht ins Pflegeheim oder „betreute Wohnen" musst. Du musst auch nicht im Dunkeln sitzen, aber deine krankheitsbedingte UV-Allergie schafft starke Einschränkungen, die massiv auf das Lebensgefühl drücken. Die Welt schrumpft mit dem eigenen Leib; sie wird schließlich so eng wie ein Krankenzimmer oder Krankenbett, das zum Sarg wird. – Walk'n talk, read'n write.

„Was tun?" Laut *Schopenhauer* schwankt fast jeder Mensch stets zwischen Not und Langeweile, und nur wenigen ist ein Dritter Weg in geistiges Leben und Schaffen vergönnt, künstlerisch und/oder intellektuell, wie *Freud* schrieb.

Deine paar eigenen Gedanken hast du längst sicher in kleinen Särgen abgelegt, die sich Bücher nennen, im großspurig „internationalen Vertrieb", in 6.000 deutschsprachigen Buchhandlungen und 1.000 Online-Shops ständig bestellbar. Das ist deine irdische Form von Unsterblichkeit, die aber nur zu Lebzeiten nützen würde. Du Unikum bist zum Glück nur ein Worstseller von Unikaten für ein Nischenpublikum, bestenfalls der Longseller für ein kleines Liebhaberpublikum. Was du da so zusammenkritzelst, interessiert nur wenige Leser (was du schon als junger Mensch wusstest), und was du *nicht* schreibst, schon mehr. Du machst unverdrossen weiter, bis dir der Stift aus der Hand fällt, mit dem, was dir noch einfällt. So musste es sein, und so wird es immer sein.

Er spielt nicht mehr mit Ball oder Murmeln, sondern
das Kind in ihm heute mit der Sprache und den Gedanken. Das ist seine Form von ewiger Jugend, bis
Freund Hein alles „auf die trostlose Fluchtbahn des
Vergessens" *(Sartre)* bringt. – Steinalte Menschen
haben dich immer mehr fasziniert als blutjunge.

Was du immer aussagen wolltest, aber als junger
Mensch noch nicht sagen konntest, hast du inzwischen mehr als einmal geschrieben und unter Dach
und Fach gebracht. Das kann dir niemand mehr
nehmen, aber noch madig machen. Was jetzt noch
nachtrudeln sollte, wird an Stoßrichtung und Ge-
samttenor nicht mehr viel ändern, ist „Vermischtes
und Verstreutes", Parerga und Paralipomena. Überlebst du dich schon und wartest nur noch auf den
Tod, der doch schon längst hinter dir liegt?

„Anything goes" : *Paul Feyerabends* methodischer
Methodenanarchismus, beflügelt er auch grämlichen
Leichtsinn des Alters? *Huizingas* „Homo ludens"
heiratet das Animal rationale, aber der alte Schwung
ist hin, du bist nur noch dankbar für jeden schmerz-
freien Tag, „zu atmen in rosigem Lichte" (Schiller).
Wozu all diese vielen Blätter voll- und Tintenfüller
leergeschrieben? Das war dein Leben, du hast es so
gewollt, George Dandin.

Du hast versucht, Verwandten und Bekannten stets
zu helfen, so gut du konntest, bist aber anderen
Hilfsbedürftigen niemals nachgerannt. Du warst oft
viel zu sehr mythomaner Hochstapler, Maulheld und
Angsthase, um besonders selbstlos sozial zu sein.
Er publiziert noch, also ist er noch?

Dein Weltbild vereinfacht sich immer mehr, je weniger du wirst, und du siehst nun deinen Urwald vor
lauter Bäumen, aber war alles das umsonst, lohnt es
nicht, so alt zu werden. „HErr, führ uns liebreich zu
Dir!" *(Freiherr von Eichendorff)*

Frag dich nicht, was du im Alter noch kannst, sondern was du vielleicht nur erst im Alter kannst und
nirgend wann zuvor! Spielen wie ein Kind mit Dingen, der erst der Greis kennt. Oder eher schöne als
schreckliche Vereinfachung von allem. Lies Poesie
und die Psalmen und Propheten! Versacke nicht in
den Dingen, überfliege sie und bleibe mit Valéry ein
Stück „freier reiner Potentialität" zu allem, auch
gerade bis zum allerletzten Blick auf die Welt! Was
bleibt dir? Kultur- und Naturidyllen, hoher Himmel
überm weiten Meer …
„Wir bringen unsere Jahre zu wie ein Geschwätz."
(Psalm, 90, 9) „ … ausgesetzt auf den Bergen des
Herzens" *(Rilke)*.

Wann hörst du endlich auf zu sterben? Oft sterben
macht es leichter, doch lebst du sterbenswert?
Manche sind schon mit zwanzig Jahren so uralt
wie mit vierzig wieder kindisch. Weiß dich bitte
zu benehmen, wenn die Parzen dich nehmen!
Feige Lebenslust bezwingt besser als Lebensüber-
druss die Todesangst. Bei fast allen ist Todesangst
und Lebensangst fast gleich stark. Fehlen die Toten
uns oft mehr, als die Lebenden uns freuten?

„Im Alter kommt der Psalter" *(Sprichwort)*
„Ich bin der Alte, sogar noch im Alter." *(Jean Paul)*
„Alter schützt die Torheit vor." *(U. Erckenbrecht)*

Unbewusstes altert nicht, Veralten bleibt unbewusst.
Ewige Jugend ist der fruchtbare Idealismus des
Alters, ewige Liebe der furchtbare Materialismus
der Jugend. Das Kind hat Idole, der Mann nur Ideen,
der Greis sein Idyll. Kinder sind älter als Föten,
Greise sind jünger als Leichen. Jugend hat Pflichten
und Neigungen, Alter pflichtschuldig Abneigungen.
Neue Junge brauchen Fanatismus,
kalte Alte nur noch Phantasie.
„Dein Alter" ist zwanzig und heißt wie du.
Jung sein heißt, nichts als sein Alter zu haben;
alt sein heißt, nichts als seine Untugend zu haben.
Greise sind Untote, lange jung und alt zugleich.

Du wirst nicht alt genug, um jung zu sein,
und nicht blutjung genug, um zu altern.
Leben ist meist Alterstorheit ohne Jugendweisheit.
Deine Jugendzeit, Alter, waren die alten Zeiten.
Einsamkeit : Altern zu zweit im Geiste?
Altes Ego ohne *Alter Ego*, mit Es als Über-Ich.
Matte Kinder zagen und verschwenden,
satte Eltern klagen, winden und fragen sich,
platte Greise wagen und verschwinden.
Und wer seinen Geburtstag vergisst,
der weiß wieder seinen Todestag.
Alles nur triviale Gedanken, wie gesagt.
Walk´n talk, read´n write. Daily page in every age!

„HErr, führ uns liebreich zu Dir!"
(Joseph von Eichendorff)

Philosophische Grundbibliothek

Chuang-tsi: „Das wahre Buch vom südlichen Blütenland"

L. Annaeus Seneca : „Briefe an Lucilius"

Michel de Montaigne : „Essais"

Imm. Kant : „Grundlegung zur Metaphysik der Sitten"

S. Maimon : „Versuch einer neuen Logik … " (1794)

G. Fr. Hegel : „Phänomenologie des Geistes" / „Ästhetik"

Arthur Schopenhauer : „Aphorismen zur Lebensweisheit"

Friedrich Nietzsche : „Menschliches, Allzumenschliches"

Nicolai Hartmann : „Das Problem des geistigen Seins"

Hedwig Conrad-Martius : „Der Selbstaufbau der Natur"

Th. Adorno : „Minima moralia" / „Ästhetische Theorie"

Jean-Paul Sartre : „Der Idiot der Familie"

Hermann Schmitz : „Der unerschöpfliche Gegenstand" /
„Der Weg der europäischen Philosophie"

I.M. Bochenski / A. Menne : „Grundriss der Logistik"

Hans Blumenberg : „Wirklichkeiten, in denen wir leben",
„Die Vollzähligkeit der Sterne"

Übersicht zum Gesamtwerk

Zwischen **Unterschicht**-Herkunft („Herren tut es leid, Knechten tut es weh") und religiösem **Himmelhoch** („Der Ewige und sein Urprojekt", „Neuer Cherubinischer Wandersmann") hier die drei Säulen eines lebenslangen Schreibprojekts:

1. *Tiefenpsychologie der Philosophie* („Wenn die Seele auf den Geist geht", „Heideggers philosophischer Eros")

2. *Satiren* (Essay- und Aphorismenbände)

3. *Idyllen* („Aufsätze zur logischen Form", „Zur Dialektik und Phänomenologie der Natur- und Kulturidyllen" und „Glückliche Idyllen kontemplativen Lebens im Elfenbeinturm")

Karl Poppers „Drei Welten" : (Idyllische) Physis, (kritische) Ideen und (philosophische) Psyche.

Sekundärliteratur zum Aphorismus

Gerhard Neumann (Hg.): „Der Aphorismus.
Zur Geschichte, zu den Formen und Möglichkeiten
einer literarischen Gattung", Darmstadt 1976

„Ideenparadiese. Untersuchungen zur Aphoristik
von Lichtenberg, Novalis, Friedrich Schlegel und
Goethe", München 1976

Peter Krupka: „Der polnische Aphorismus",
München 1976

Hans Peter Balmer: „Philosophie der menschlichen
Dinge. Die europäische Moralistik", Bern 1981

Harald Fricke: „Aphorismus", Stuttgart 1984

Gisela Febel: „Aphoristik in Deutschland und
Frankreich", Frankfurt/Main 1985

Klaus von Welser: "Die Sprache des Aphorismus",
Frankfurt/M. 1986

Heinz Krüger: „Über den Aphorismus
als philosophische Form", Frankfurt/M. 1988

Werner Helmich: „Der moderne französische
Aphorismus", Tübingen 1991

Stefan Fedler: „Der Aphorismus. Begriffsspiel zwischen Philosophie und Poesie", Stuttgart 1992

Paul Geyer / Roland Hagenbüchle: „Das Paradox", Tübingen 1992, Würzburg 2002²

Thomas Stölzel: „Rohe und polierte Gedanken. Studien zur Wirkungsweise aphoristischer Texte", Freiburg 1998

Lada Lubimova: „Struktur und Funktion des Aphorismus : eine textlinguistische Studie", Bremen 1998

Robert Zimmer: „Die europäischen Moralisten", Hamburg 1999

Michael Esders: „Begriffs-Gesten. Philosophie als Kurze Prosa von Friedrich Schlegel bis Adorno", Frankfurt/Main 2000

Rüdiger Zymner: „Aphorismus", In: Kleine literarische Formen in Einzeldarstellungen, Stuttgart 2002

Friedemann Spicker: „Kurze Geschichte des deutschen Aphorismus", Tübingen 2007

„Die Welt ist voller Sprüche. Große Aphoristiker im Porträt", Bochum 2010

Rolf Friedrich Schuett : „Aphorismus – Philosophischer Gehalt in literarischer Gestalt", 2019

Aphoristiker sind im Bilde